원미동 연가

김서영 지음

이리

작가의 말

　서울의 구파발 버스 종점에서 진흙탕 길을 20분 정도 걸어 들어가면 '못자리'라는 마을이 있었다. 무허가 건물들로 형성된 그 마을 주변에는 벽돌 찍는 공장들이 있었다. 아이들은 벽돌 공장에서 일하는 엄마, 아빠를 따라가서 하루를 보냈다. 엄마, 아빠가 퇴근할 때까지 아이들은 쌓아놓은 벽돌 사이를 놀이터 삼아 놀고 있었다. 위험천만한 환경 속에서 티 없이 맑은 눈으로 술래잡기를 하는 아이들의 모습은 나를 그곳에 머물게 했다.
　힘을 모아 못자리 마을에 아이들의 쉼터를 마련한 후, 그곳에 사는 이들과 만나며 접하게 된 집집마다의 아픈 사연들은 가슴을 답답하고 저리게 했다. 아프고 저린 마음들이 가슴을 내리칠 때, 그때마다 두서없이 글을 쓰기 시작했다. 그 마음들을 글로 풀어내고 나면 가슴이 조금은 후련해졌다.

　그리고 오랜 시간이 지났다. 미국에서 의학공부를 마친 후에는 볼리비아·파라과이·브라질·필리핀·중국·티베트의 오지를 돌면서 아픈 사람들과 함께했다.
　아프고 힘든 사연은 어디나 마찬가지였다. 제대로 말이 통하지 않아도 치료 후 붕대를 감아주는 내 팔을 꽉 잡았던 소년, 상처의 소독치료에도 신음소리조차 없이 간절히 내 눈만을 바라보던 그들은 내 가슴을 아프게 했고 속풀이 글은 계속 되었다.

이렇게 하나둘 글을 쓰다 보니 어느새 많은 양의 사연들이 모아졌다. 모아진 글들을 보며 훗날 의사의 길을 그만둘 때쯤 흔적으로 남기려 했다. 하지만 책으로 엮어내자는 여러 지인들의 권유와 어수선하고 답답한 국내 상황들을 보며 출판을 결심하게 되었다. 힘든 내 마음을 다잡기 위해서라도 집중할 일이 필요했다.

이 책은 원미동의 엄마, 아빠, 언니, 동생, 아들딸들의 이야기이다. 혹시 남에게 알려지는 것이 꺼려질지도 모를 이야기들은 모두 가명을 사용했다. 때론 아픈 눈물을, 때론 기쁜 눈물을 흘리게 한 사연들로, 이제는 내 삶이 되어버린 원미동의 사랑노래이다. 함께한 많은 사람들의 이야기를 기록하며, 그들에게서 삶을 지탱하고, 사랑을 나누고, 슬픔을 위로하는 방법을 배웠다. 이 책을 읽는 사람들에게도 그 방법이 전해지길 간절히 바란다.

2017년 봄, 김서영

contents

작가의 말 · 2

 PART 1 우리는 원미동에서 만났지요

원미동 다짐 · 10
원미동에서의 기도 · 12
풀냄새 · 14
검은 사탕 봉지 · 16
원미동의 아침 · 18
원미동 식구들 · 20
나의 성전 · 22
김서영 다방 · 24
거기서 또 만나요 · 26
새로운 날들 · 28
찬바람과 햇빛 · 30
새벽 하늘빛 · 34
흐를 텐데 · 36
영원한 내 것 · 38
정월 대보름 · 40

엄마표 상추 · 42
이것도 잠깐 · 44
친구 같은 환자 · 46
한가위 · 48
내년 이맘때쯤 · 50
원미동 골목 · 52
살을 에는 추위 · 54
부드러운 말 한마디 · 56
이른 아침에 마음으로 받은 선물 · 60
보듬음 · 62
게임 시작 · 64
세상 속으로 · 66
세상을 향하여 · 68
비가 오나 눈이 오나 · 70
사랑이 익어갑니다 · 72

PART 2 꼭 괜찮아질 거예요

희망 심기 · 76

다시 맞이하길 바라는 삼복더위 · 78

위로라는 우산 · 80

부자이고 싶을 때 · 82

잘생긴 청년 · 84

조화로움이란 · 86

가슴 저리게 예쁜 아이들 · 88

초점 없는 두 눈 · 90

어느 별에선가 · 92

능소화 거리 · 94

무궁화 · 96

삼천 원의 기적 · 98

사랑 고백 · 101

또 하나의 가족 · 102

몸의 문신 마음의 문형 · 104

눈에 뿌려진 안개 · 106

매일 아침 데이트 · 108

인생이라는 무대 · 110

우리 꼭 다시 만나요

김서영 노래방 · 114
부디 그곳에서는 · 116
한(恨)일랑 놓고 가소서 · 120
하얀 밤 · 122
눈은 오는데 · 124
눈물씨앗 · 126
사랑해 주셔서 고맙습니다 · 128
산 사람은 산다지만 · 130
슬픈 그림 그리는 날 · 132
하늘 사다리 · 134
작별 인사도 없이 · 136

가는 세월 어찌하랴 · 138
마지막 안식처 · 140
가슴 우물 · 142
마지막 순간까지 · 144
하늘 행 꽃가마 · 146
엄마 아빠 병원 · 148
떠난 이의 흔적 · 150

함께라면 외롭지 않아요

시린 정 아린 정 · 156
절벽 끝에 선 여인 · 158
이별은 아픔이다 · 160
하늘도 우는데 · 162
더 외로운 날 · 164
아픈 몸보다 더한 아픔을 간직한 그녀 · 168
언제 다시 볼 수 있을까 · 170
홀로 엄마 · 172
옛날 한 옛날에 · 174
단 가스 · 178
저당 잡힌 통장 · 180

조금만 더 · 182
천붕지함 · 184
후회 · 186
원미동 엄마들 · 188
세월이라는 지우개 · 190
하얀 카네이션 · 191
못 이룬 꿈 · 192
원미동 연가 · 196

원미동 다짐
원미동에서의 기도
풀냄새
검은 사탕 봉지
원미동의 아침
원미동 식구들
나의 성전
김서영 다방
거기서 또 만나요
새로운 날들
찬바람과 햇빛
새벽 하늘빛
흐를 텐데
영원한 내 것
정월 대보름
엄마표 상추
이것도 잠깐
친구 같은 환자
한가위
내년 이맘때쯤
원미동 골목
살을 에는 추위
부드러운 말 한마디
이른 아침에 마음으로 받은 선물
보듬음
게임 시작
세상 속으로
세상을 향하여
비가 오나 눈이 오나
사랑이 익어갑니다

PART 1

우리는 원미동에서 만났지요

원미동 다짐

이른 새벽 '여리고 성'을 돌듯
70일간 마을 구석구석을 돌았습니다

석왕사 뒷골목에서 원미시장 뒷골목까지
눈으로 보고 가슴으로 느낀 원미동

성냥갑처럼 작은 공간에
수많은 아픔들이 숨 쉬고 있는 원미동

오늘은
이곳에 사랑의 둥지를 튼 첫날입니다

의사와 환자가 아닌
원미동의 엄마와 딸로, 아빠와 딸로

형제자매로
친구로

나의 아들과 딸들로

함께 웃고 함께 아파하는 공간이길
간절히 소망하며 첫 진료를 시작합니다

○ Epilogue
2008년 12월 2일 이곳 원미동 두산아파트 버스 정류장 앞 건물의 임대계약서를 썼습니다. 인테리어 하는 두 달 동안 새벽마다 원미동을 돌았습니다. 새벽 원미동 골목에서는 막노동 나가는 아빠들을 쉽게 만날 수 있었습니다.
그리고 2009년 2월 16일 원미동에서 진료를 시작했습니다. 진료 첫날이지만 이미 원미동은 내 가슴 속에서 숨 쉬고 있었습니다.

원미동에서의 기도

이곳 원미동에서
행복 바이러스이게 하소서

어떠한 아픔을 당해도
감사의 기도를 할 수 있는
사람이게 하소서

받음엔 쉽게 넘치게 하시고
줌에는 모자람을 느끼는
사람이게 하소서

화려한 장미보다는
소박한 들꽃이게 하시고
빛나는 사람이기보다는
눈물 많은 사람이게 하소서

사랑받기보다는
사랑함으로 행복을 느끼게 하시고
내가 필요한 자리에 서기보다는
나를 필요로 하는 곳에 설 수 있는
사람이게 하소서

살아가는 동안
사랑하는 동안
욕심 부리지 않게 하소서

착하고 아름답게
선하고 아름답게
하루하루 감사하며
살아갈 수 있게 하소서

늘 감사의 마음 갖게 하시고
사랑과 눈물 가득한 사람이게 하소서

기도하는 두 손
수정보다 맑은 손으로
남게 하소서

○ Epilogue
의사가 되어 처음 세운 서원(誓願)을 잊지 않기 위해 스스로를 다잡으며 원미동에서의 첫 진료와 함께 드린 기도입니다.

풀냄새

아침 7시 20분

출근 후 컴퓨터를 켜고
알코올로 책상을 닦은 후

조용히 앉아 묵상을 하며
마음에 걸렸던 환자들을 떠올립니다

묵상을 마치고 눈을 뜨면
기도로 해결 안 된 환자에게 전화를 합니다

별일 없이 좋아졌다는 말을 들으면
병원 안의 알코올 냄새가
푸른 초원의 이른 아침 풀냄새 같습니다

나의 기도는 감사라는 단어로 시작해
감사라는 단어로 마무리 됩니다

○ Epilogue
출근해 기도 후 어제 배가 많이 아파하시던 연임이 엄마에게 전화를 했습니다. 밤에 더 아프면 응급실에 가기를 당부하였지만 우리 엄마들이 곧잘 참음을 알기에 걱정이 되었습니다. 다행히 엄마의 음성에 힘이 있었습니다. 아침 통화 중 좋아진 환자의 소식을 듣고 나면 책상을 닦은 알코올 냄새가 상큼하게 느껴집니다.

검은 사탕 봉지

알코올리즘 인수 아빠

아침부터 이미 정신은 저 멀리 보내시고
비틀거리는 걸음으로
접수대 위에 검은 봉지 올려놓으시며

"오늘이 사탕 먹는 날이라 하더구먼."

오후 시간에 접어들면서
원미동의 아들딸 그리고 아빠들의
손에 들린 사탕과 꽃으로 이날을 기억하게 했습니다

감성의 메마름 또한 나이 들어가는 징표인데
정말 싫지만 나도 그 대열에 들어간 느낌입니다

느끼면서 걸어도 결국은 도달할 인생의 끝자락인데
무엇을 향해 매진하는지 잠시 생각하게 하는 날입니다

우리가 가는 길은 앞뒤, 양옆, 위아래 다 있건만
앞만 향해 달리려고 하는 것 같습니다

오늘도 그렇게 앞을 향해 질주하던 하루가 저물어갑니다
앞을 향해 달리고 달리면 거기엔 뭐가 있을까요

허리 꼬부라지고 이 빠지고 눈 침침하고 머리 하얀
할머니, 할아버지가 제 몸 하나 지탱하기 버거워 하며
자리에 누워 있겠지요

그 옛날 화이트데이 때 받았던
꽃의 향내도 못 느끼는 감성으로

○ Epilogue
　누룽지 사탕을 사가지고 오신 인수 아빠가 일깨워준 화이트데이입니다. 젊은 시절 받았던 근사한 사탕 꽃보다 더 맛있는 원미동표 검정 봉지 속 사탕을 받았습니다.

원미동의 아침

이른 아침
축축한 날씨만큼
찐한 가슴을 안은 원미동 거리

사랑할 수밖에 없는 원미동 사람들
사랑하기에 너무나 사랑하기에
매일매일 가슴 저리는 이곳

삶의 무게만큼 파지 실은 리어카 끌고
고개 들 힘조차 아끼어 온 힘 다해
발 앞 땅만 바라보며 걷는 버거운 걸음의 옆집 아빠

힘겨웠던 세월만큼 굽어진 허리로
3층 계단을 두 손 두 발로 기어올라
모아 둔 박스와 빈병 끌어내리는 정호 엄마

고혈압, 당뇨 때문에 운동해야 한다는
원장 말 실천하는 중이라며
매일 아침 병원 입간판 내어놓으시는 찬수 아빠

칠순 넘은 연세에 건물 청소 가는 길
빈속으로 환자 보는 거 안타깝다며
토마토 갈아 담은 보온병을 병원 문 앞에 놓고 간 순예 엄마

내 능력 부족하여 힘이 되어 드리지 못하는
죄송함이 가슴을 더 아리게 하는
원미동의 아침

○ Epilogue
옆집 아빠는 길에서 고물을 주워 길가에 모아 놓고 분해를 하십니다. 건선이 온몸을 덮어서 온전한 얼굴이 보이질 않으십니다. 정호 엄마는 건물에서 나온 박스와 종이를 이른 아침 끌어내리십니다. 허리가 굽어 계단을 기어서 오르십니다. 출근길에 만난 엄마, 아빠들 한 분, 한 분의 사연들은 원미동의 시린 노래가사입니다.

원미동 식구들

세상 사람들 흔히 말하길
우리나라에서 인구밀도 가장 높고
사건사고 많다는 원미동

그 속에서 함께 울고 웃는
우리네 엄마, 아빠, 언니, 동생, 아들딸

원미동은 내 맘 깊숙이 우물을 파 놓았지요
이들의 한(恨)에 가슴 저려 함께 울고
이들의 정(情)에 가슴 벅차 눈시울 적십니다

원장 아프다는 소리에
죽 쒀 오셔서 조용히 놓고 가는 엄마

오이김치 좋아한다는 말에
오이김치 담가 오시는 할머니

갓김치 좋아한다는 말에
여수 동백꽃 구경 갔다가
여수 돌 갓김치 사왔다는 엄마

오늘은 고구마 구워서
따끈할 때 먹으라고 들고 온 엄마의 마음에서
계란 쪄서 들고 온 엄마의 손에서

사랑과 정을 배우고
사람살이를 배웁니다

이젠 점심시간
원미동 엄마들의 사랑밥상을 맞이할 시간입니다

○ Epilogue
바쁜 월요일 모두 지친 가운데 원미동 식구들이 가져온 반찬으로 밥상을 차렸습니다. 어느 병원에서 이렇게 근사한 밥상을 받을 수 있을까요. 정 많은 원미동이니까 가능하겠지요.

나의 성전

수은주가 영하 11도까지 내려간
아직 동트기 전 원미동 거리를
한 발 한 발 기도하는 맘으로 걸었습니다

여느 때처럼 찬수 아빠가 입간판을 내놓고 가셨습니다

아직은 해가 길지 않아 7시 20분
병원 도착 시간엔 어둠이 깔려 있습니다

병원 문을 열고
진료 준비를 합니다

병원에 들어서자마자 핫팩통 온도를 올리고
대기실 불을 켜고 컴퓨터를 켭니다

진료실로 들어와 진료실 컴퓨터를 켜고
소독된 물품들을 꺼냅니다

그사이 환자가 들어옵니다
환자등록을 하고 진료하고 주사 놓고 수납하고

추운 날씨 때문인지 환자가 많지 않아
차 마실 시간이 났습니다
재스민 차 향 내음이 작은 미소를 머금게 합니다

문득 차향보다 더한 향은 사람향기라는
옛 어른의 말씀이 떠올랐습니다

"미소 머금은 얼굴 참다운 아름다움이요,
부드러운 말 한마디 미묘한 향기."

힘들어도 버거워도
사랑향기 행복향기 피우는 하루를 다짐해봅니다

○ **Epilogue**
병원은 나의 성전입니다. 매일 아침이면 기도를 하지요. 이 곳을 다녀간 이들에게 건강과 행복 주시라고. 그리고 사랑 담은 지식으로 아픈 몸과 마음을 볼 수 있는 지혜를 달라고…. 오늘도 이른 아침 몸과 마음으로 진료를 준비합니다.

김서영 다방

아직은 옷깃을 여며야 하는 날씨
이른 새벽 골목에서 만난 영봉 아빠

"벌써 출근하시는가?"
"아빠도 일찍 출근하셨네!"

아빠의 리어카는 벌써 반은 차있습니다
박스와 부서진 플라스틱 소쿠리, 빈 병, 부서진 선풍기…
영봉 아빠는 뇌졸중으로 언어는 어눌하지만
쉼 없이 골목을 누비며 파지를 주우십니다

30분쯤 지난 후
아빠가 병원에 오셨습니다
벌써 고물상에 파지를 넘기시고
커피 한잔하러 오신 겁니다

"아빠, 어서 오세요. 김서영 다방에 오신 걸 환영합니다!"
아빠는 허허 웃으시며
마스크를 벗고 커피 한 잔을 타십니다

"아, 좋다."
아빠는 눈을 감고 커피 향을 음미하십니다
"서영 다방 커피 맛이 최고지요? 아빠!"
"최고지, 최고야!"
엄지 척! 하십니다

"밥 먹고 진료받으러 올게."
아빠는 커피 한 잔에 기운을 얻고 가십니다

"커피 한잔하러 왔어요."
잠시 후
순자 엄마가 들어옵니다

"우리 간판 하나 더 달아야겠네요.
'김서영 다방'이라고!"
직원이 웃으며 말합니다

○ Epilogue
　지나는 길에 커피 한잔하러 들르시는 엄마, 아빠들이십니다. 영봉 아빠는 파지를 줍다가 힘들면 병원에 들러서 커피 한 잔을 맛있게 드십니다. 순자 엄마는 노점에서 화분을 파시는데 병원 화장실을 쓰러 오셨다가 커피 한잔하고 가시지요. 아무래도 '김서영 다방'을 열어야겠다고 했더니 맞은편 원미 다방 엄마가 말리시네요. "나 굶어죽어!"라고 웃으시며 옛날 그 옛날 쌍화차를 계란 동동 띄워 가져오셨습니다.

거기서 또 만나요

아침 7시 10분
병원 문 열고 진료 준비를 하고 있는데
머리가 아파 날 샐 때만 기다렸다는 환자가 와서 말합니다

"원장님은 천국에 갈 거여. 환자를 위해 이렇게 일찍 진료를
해주니까. 너무 아파서 날 밝기를 얼마나 기다렸는지 몰라."

난 웃으며 대답했습니다
"천국 안 갈 거네. 거기서는 아픔도 고통도 없다고 하니까
난 지옥에 가서 재밌게 일하면서 살 거네."

환자도 한마디 합니다
"그럼 나랑 또 만나겠네."

이른 아침 우린 서로를 보며 한바탕 웃었습니다

가진 건 적어도, 배운 건 많지 않아도
마음 밭이 따뜻한 이곳
원미동 사람들은 천국나라 백성입니다

○ Epilogue
칼국수 집 주방에서 일하시느라 이른 출근을 해야 하는 정자 엄마와의 아침 대화입니다. 엄마는 시장 안쪽 칼국수 집에서 주방을 맡아 일하시는, 늘 환한 미소와 넉넉한 마음을 가지신 분이시지요.

새로운 날들

한 주의 시작

습관처럼 하루하루를 바삐 보내는 것이
일상이 되어버린 현대인 중 한 명이 되어버린
나를 돌아보는 아침

이 순간들이 다시 오지 않을 귀한 시간들인데
어제가 오늘 같고 오늘이 내일인 것처럼
습관적으로 살아가는 건 아닌지

일 분 일 초도 같음은 없는데
습관 머금은 시간들을 보내는 것 같아
스스로를 일깨우는 월요일입니다

오늘은 또 어떤 모습의
원미동 가족이 내 마음의 문을 노크할지
어떤 가족이 가슴 우물을 퍼 올리려는지

마음 다잡고 진료가운을 입습니다

○ Epilogue
처음 마음 잃지 말자 다짐하고 다짐하지만 때론 그 마음 지키기가 참 힘들다는 생각이 듭니다.
다람쥐 쳇바퀴 도는 일상처럼 느껴지는 마음을 다잡고, 월요일 진료를 시작합니다.

찬바람과 햇빛

아직은 정초라 할 수 있는 1월 10일
병원이 소란스러웠습니다

환자가 보험에서 돈을 타야 한다며
안 되는 것을 해달라고 억지를 썼습니다

그 과정에서 직원과 다툼이 일어났습니다
직원이 비웃었다고 환자는 소리를 지르며 소란을 피웠습니다

환자를 진료실로 불러 진정을 시키자
환자는 돌아갔습니다
하지만 그 여운은 날카로운 칼날 되어
온밤을 뒤척이게 만들었습니다

바람을 이긴 따스한 햇볕에 관한 이솝우화를
생활신조 중 하나로 살아가는 인생길에서
큰소리가 났다는 것은 내겐 아픈 일이었습니다
아니, 많이 아프고 힘든 일이었습니다

뒤척였던 지난밤을 뒤로하고 새날이 밝아왔습니다
다른 때보다 더 일찍 출근을 해
직원이라기보다는 가족같이 사랑하는 사람들이기에
마음을 함께하고자 글을 썼습니다

사랑하는 사람들!
연 3일 많이 춥네요
오늘은 바람을 이긴 따뜻한 햇볕이 되자는
이솝우화를 생각하며 이 아침을 엽니다

오늘도 따뜻하고 포근하고 부드러운 맘과 언어로
몸도 마음도 아픈 가여운 사람들에게
빛과 소금이 되기를 소원하며 진료를 시작합니다

우릴 찾는 이들은 몸이 아픈 사람들이고
몸이 아프면 마음도 아픕니다
그러니 더 인내와 배려가 필요합니다

저도 참 힘들 때가 많습니다
그럴 때마다
난 봉사직종에 종사한다
바라지 말자
서운해하지 말자
짜증 내지 말자라고 하늘 보며 넋두리합니다

어제도 찬 공기 속 시린 눈으로
하늘에 하소연하며 퇴근했습니다

그리고 반성했답니다
조금 더 사랑하자
조금 더 배려하자
조금 더 감사하자고…

○ Epilogue

1월 10일 환자와 직원 사이에 표현의 오해가 생겼습니다. 환자를 진료실로 들어오게 해 자세히 설명한 후 환자는 돌아갔지만 병원에서 불협화음이 발생했다는 사실과 누구의 잘못이든 간에 환자의 마음을 언짢게 했다는 자체가 밤잠을 설치게 만들었습니다. 바른말도 상대가 들어서 기분이 나빴다면 이미 바른말의 효력은 상실된다는 옛 어른의 말씀이 절절히 다가오는 밤이었습니다.

새벽 하늘빛

숨이 찼습니다
고개를 들 수 없어서
한 걸음 한 걸음 발끝만 응시하며 걸었습니다

돌아보니 지금만 이리 숨차는 건 아니었습니다
짧지 않은 인생길 고비고비 숨찬 걸음이었습니다

스스로 만든 규율 속에서
전생에 지은 업 씻어야만 하는 숙명 속에서

인생이라는 무대에서 매일매일을
연장전까지 뛰어야만 했던 지난날들

그럴 때마다 죽을 힘 다해 고개를 들었고
거기에는 늘 하늘이 있었습니다

때론 먹구름 낀 모습으로
때론 눈이 시릴만큼 파란 모습으로

오늘도 하늘을 보며
원미동 연가를 시작합니다

어느새 도착한 병원 골목에서
인희 엄마가 빨리 오라며 손짓합니다

○ Epilogue
고열로 밤을 지새웠습니다. 몸을 일으킬 수 없었지만 공장 가는 환자들과의 무언의 약속인 아침 7시 20분 진료를 생각했습니다. 공시되지 않은 시간이지만 그 시간에 진료가 필요한 환자들을 떠올리며 새벽길을 걸었습니다.

흐를 텐데

흐름인데
살아 있음은 흐름인데

머무름 없음이 천지의 이치이고
시간도 흐르고 숨참도 흐를 텐데

아픔도 흐르고 괴로움도 흐르고 흘러
밤은 곧 밝음에 자리를 내어줄 텐데

숨참도 아픔도 괴로움도
그대로 받아들이고 즐겨보자고

이성은 제아무리 다짐을 하여도
몸은 삶과 죽음 사이에서 요동을 쳤습니다

머리로는 이해하고 있지만
이성으로는 알고 있지만

밤은 너무 길었습니다
새벽은 참으로 더디 왔습니다

○ Epilogue
환자를 많이 본 월요일 밤, 흉통으로 온밤을 지새웠습니다. 혹 밤사이에 건너뛰는 심장이 멈추어 하늘 행 꽃가마 탈지도 몰라, 현관문을 뜯고 들어오는 수고라도 덜어주자 싶어 방범 고리를 내려놓았습니다.

영원한 내 것

내 것인 줄 알지만 내 것인 것 없고
어떤 것도 영원할 수 없는
흐르는 구름 같고 바람 같은 인생살이

쥐고 나온 손에 동전 한 푼도
가져갈 수 없이 쫘악 펴고 가야 하는 길

이 세상에서 맺은 인연
마지막 그 길엔 동행할 이 하나 없고

미치도록 외로운 길
살아생전 지은 선행과 악행만이 함께 하는 길

그 길 멀지 아니한데
자신만은 천년만년 살 것처럼

마지막 가는 길 안내해 줄
횃불 쏘시개로도 쓰지 못할 종이쪽지에
목숨 걸지 않는 세상이었으면 좋겠습니다

○ Epilogue

　병원 앞 길거리에서 야채를 파는 엄마 두 분이 머리채를 잡고 싸우십니다. 두 분 모두 내 환자이십니다. 한 분은 더 모으기 위해 자신의 땅에서 키운 채소를 파시는 분이시고, 한 분은 생계를 꾸려가기 위해 들에서 뜯어온 나물을 파시는 분이십니다.
　두 분은 주인 없는 길거리를 놓고 서로 좋은 자리를 차지하려 싸우고 계십니다.

정월 대보름

보름이라고 오곡밥과 나물 챙겨
절룩거리는 다리 끌고 계단을 오르는 엄마들

알코올리즘이지만 오늘만큼은 맨 정신으로
땅콩 한 봉지 비닐에 담아 들고 와, 놓고 가는 황 아빠

귤 세 개를 미안한 얼굴로 내밀고 간 대인기피증의 10대
순빈

작은 것 하나라도 주고 싶어 하는 여기, 원미동 사람들

나는 원미동 사람들이 참 좋습니다
정 많은 여기 사람들이 너무나 사랑스럽습니다

이렇게 情스러운 사람들과 숨 쉬며
벌써 세 번의 정월 대보름을 맞이하고 있습니다

○ Epilogue
개원 3주년을 맞이하는 정월 대보름날, 원미동 가족들이 부럼과 과일을 가지고 왔습니다.
순빈이는 학교폭력으로 대인기피증이 생겼습니다. 엄마의 부탁으로 인연이 된 후, 순빈이는 마음 문을 조금씩 열어가고 있습니다. 며칠 전에는 샌드위치를 가지고 와서 외래 데스크에 올려놓고 급히 뛰어나갔습니다. 순빈이는 지나가다가 이렇게 아무 말없이 뭔가를 놓고 가면서 마음 문을 열더니 지금은 눈도 마주치고 웃기도 합니다.

엄마표 상추

한쪽 다리 절룩절룩하며
2층 계단 숨차게 올라오시어

의자에 털썩 앉으며
휴, 한숨과 함께
내려놓은 검은 봉지

점심시간 맞추어
죽을 힘 다해 오셨다며

"내가 밭에 직접 심은 거여.
야들야들해.
쌈장도 만들어봤어.
점심에 씻어서 싸먹어."

정성 가득 마음 가득
원미동표 상추와 쌈장 건네주시는
팔순 효순 엄마의 마음에
가슴이 찡해오는 점심시간입니다

비록 나를 낳으신 어머니는
가슴에 묻었지만

이곳 원미동 엄마들이 있기에
의사가 된 것에 감사하고

참 의사로 살아갈 수 있기를
가슴 밭에 다짐나무 심습니다

○ Epilogue
초여름 날 효순 엄마가 굽어진 허리로 손수 키운 상추를 가져오셨습니다. 몇 해가 더 지난 지금 엄마는 다리가 아파 밭에 가시지 못하십니다.
우리네 엄마, 아빠들이 지나가는 세월 속에 너무나 많은 변화를 겪는 것이 가슴 아픈 현실입니다. 일 년 전에는 지팡이 없이도 걷던 엄마가 지금은 지팡이에 의지하고, 지팡이에 의지하던 엄마는 휠체어를 타고, 휠체어를 타던 엄마는 요양원 침대가 엄마의 자리가 되어버렸습니다.

이것도 잠깐

언제나 이 비가 그치려는지
며칠째 구름 속 아득한 하늘
햇빛이 유난히 그립습니다

한평생으로 보면
며칠쯤이야 점으로나 기록될
짧은 순간이지만 비가 원망스런 날입니다

너무 아파서 병원에 오셨다는 엄마, 아빠들의
흠뻑 젖은 옷을 보니 마음이 짠한 날들입니다

지팡이 짚고 우산 쓰고 걷다가 힘들면
길목 어디엔가 몇 번씩 쉬어 와야 하는 엄마, 아빠들

이리 세찬 빗줄기 속에서는 앉지도 못하고
허리가 끊어지는 통증을 느끼며 병원까지 와야 합니다
이제 그만 비가 그쳤으면 좋겠습니다

'이것도 잠깐'이라는
옛 현인의 가르침을
되뇌는 것도 사치로 느껴지는
원미동의 여름날 장마입니다

○ Epilogue
파킨슨씨병을 앓으며 홀로 사시는 민순 엄마가 속옷까지 비에 젖어 오셨습니다. 양말과 바지를 벗겨 핫팩 위에 올려놓고 장마철을 위해 여분으로 가지고 있는 바지와 양말을 신겨 드리고 치료를 해드렸더니 눈물을 흘리셨습니다. 그 눈물의 의미를 알기에 더 가슴이 아팠습니다.

친구 같은 환자

언제 봐도 정겨운 얼굴
오래된 친구처럼 편안한 여인

옆에 있어서 참 좋았는데
멀리 떠난다 하였을 때
가슴 한쪽이 뻥 뚫린 듯 허전했어요

환자와 의사로 맺은 인연이건만
너무나 정이 들어

멀리 떠나보내는 게
이렇게 가슴을 아프게 하는군요

그래도 가끔이나마 얼굴 볼 수 있어서
참 좋았는데
일을 시작한다니 걱정이 앞서네요

아픈 어깨 저린 손목
시큰거리는 다리로 어찌 일을 하시려는지

건강을 잃으면 다 소용없음을 잊지 말고
그토록 하고 싶었던 일이니

잘 이끌어 번창하길 기도할게요

○ Epilogue
친구처럼 가족처럼 옆에서 갖은 반찬 다 챙겨주던 친구 같은 환자가 9월 3일 용인으로 이사 가서 반찬가게를 열었습니다. 지금도 매주 토요일이면 맛있는 반찬 바리바리 싸가지고 옵니다.

한가위

어릴 적에는
명절이 참 좋았습니다

신작로 돌아 달구지 타고
가족들이 모여드는 것이 좋았지요

가마솥 가득 쪄낸 송편의 솔잎향도
무쇠 솥뚜껑 뒤집어 놓고 지져내는 녹두전도 좋았습니다
하지만 맛보다 더 좋았던 것은
북적거리는 명절 분위기였던 것 같습니다

한상 가득 맛있는 음식 차려 놓고
옆집 아재 아랫집 아재 모셔 오라시던
할머니의 심부름도 좋았지요

동네 사랑방에 소쿠리 가득 음식 보낼 때
까치발 껑충거리며 따라가면 넘어질까 걱정되어
업어 주시던 아재의 등도 참 따뜻했습니다

세월이 흐르고 흘러, 그 아이는 자라
홀로 명절 수십 년이 지나

원미동 가족에게서 한가위 선물을 받았습니다

부침개, 도라지나물, 고사리, 잡채, 송편
그리고 아름다웠던 추억까지 듬뿍 담겨 있는 상차림이었지요

까치발 깡충거렸던 아이는
귀밑머리 흰서리 내려앉을 즈음
또 다른 까치발 깡충거리는 아이의 머리를 쓰다듬으며
말합니다

또 하나의 추억을 만들어 줘서 고맙다고
사랑한다고

○ Epilogue
민서네 부침개와 길자 엄마의 송편 그리고 영희 엄마
네 삼색나물과 영순 언니네 잡채, 풍년떡집 사장님의
오색 송편을 추억과 함께 선물 받은 마음 따뜻한 추석
명절날입니다.

내년 이맘때쯤

아우야!
우리가 작년 이맘때는 무슨 일로 무슨 걱정을 했을까?
무엇이 가장 힘들었었지?

기억이 잘 나지 않을 거야
많이 힘든 일이 있었으면 기억은 나겠지
하지만 그때 그 고통 그 괴로움
지금도 가지고 있지는 않을 거야

다시 말해서
당시에는 죽음까지 생각했던 번민도
인생이라는 긴 여정을 보면 큰 것이 아니라는 거지

힘들 때, 정말 힘이 들 때는
어떠한 위로도 귓전을 맴돌다 달아나는 거 나도 알아
세상 어떤 성현의 말씀도 다
허공을 맴돌 뿐이라는 것도 알아

하지만
고개를 들어봐
천둥번개 몰아칠 때도 먹구름 온통 뒤덮을 때도

언제나 변함없이 그 뒤에는 맑은 하늘이 있어
먹구름은 언젠가는 사라질 거야

이 세상에 영원한 것은 없어
아무리 힘든 일도 지나가는 바람이고
제아무리 좋은 일도 아침 이슬과 같은 거야

모든 것은 잠깐이야
지금 아우가 겪고 있는 그 힘든 일도
긴 인생에서 한 점에 불과해

눈을 들어 하늘을 한번 봐
거기에는 언제나 너를 아끼고
너를 좋아하는 사람들이 아직 많이 있을 거야

○ Epilogue
가족이 급성심근경색으로 급하게 먼 길 떠나 버리고
소중한 인연의 줄이 끊겨 힘겹게 버티고 있는 친구 같
은 아우에게 어설픈 위로를 보냈습니다.

원미동 골목

오늘은 왠지 원미동 골목길이
더 아리게 느껴집니다

개를 끌고 절뚝거리며
지나가는 엄마의 걸음걸이에서도

반쯤 채운 파지 실은 리어카를
힘겹게 끌고 가는 아빠의
굽은 등과 숙여진 고개에서도

아직은 푸름이 남아 있는
낙엽의 휘날림에서도

이른 아침 피곤이 덜 풀린 모습으로
물건 덮어 놓은 포장을 걷는
야채가게 아빠의 모습에서도

그리고 또
그걸 아리게 느끼며 걷고 있는 내 모습에서도
원미동 연가를 멈출 수 없는 아침입니다

○ Epilogue
11월 끝자락, 옷 속으로 파고드는 찬바람이 가슴속까지 시리게 하는 원미동 골목을 지나며.

살을 에는 추위

하늘도 얼고 땅도 얼고
마지막 남은 잎사귀마저
바스락 떨어뜨린 매서운 바람에

눈만 내놓은 거리의 사람들
총총걸음으로 둥지를 향하고

이 순간은 '잠깐이다' 되뇌며
걸음을 재촉하는데

칼바람에 고개도 들지 못하고
골목길 파지 줍는 늙으신 엄마의 굽은 등이

이불로 과일 덮어놓고
정작 본인은 담요 한 장 무릎에 얹고
떨고 있는 노점상 아빠의 웅크림이

따뜻한 집을 향한 빠른 내 걸음을
느리게 걷기로 만들었습니다

그렇게 걸었지만
10여 분 후 난 따뜻한 집에 들어왔고

포근한 집 안 공기를 맞는 순간
감사라는 두 글자가 미안함으로 바뀐
추운 겨울날 퇴근길이었습니다

○ Epilogue
  몹시 추운 날, 원미 시장 골목을 지나는 퇴근길에서 더
  춥게 노점을 지키고 있는 엄마, 아빠들을 보며.

부드러운 말 한마디

살아가면서

아픈 말은 삼키자
서운한 말도 삼키자
삼킨 언어들은 나를 키우는 밑거름이 되게 살자

이것이 생활신조 중 하나인데

아주 친한 환자의 얼굴을
벌써 두 달째 볼 수가 없습니다.

그녀가 발길 끊은 지 한 달 되던 날
전화를 했습니다

무슨 서운한 일이 있었냐고 묻는 내게
유선을 타고 들려오는 그녀의 음성에는
뭔가를 말하고 싶어 하면서도
아직은 마음 문이 닫혀 있는 느낌이 들었습니다

"원장님이 너무 보고 싶어
병원 앞까지 몇 번을 갔었어요."

난 기다림이라는 단어를 떠올릴 수밖에 없었습니다
건강하게 잘 지내라는 말로 작별 인사를 하고
기다림의 시간 다시 한 달

오늘 아침 문자를 넣었습니다
보고 싶다고
그리고 잘 지내는지 걱정되고 궁금하다고

그녀에게서 바로 전화가 걸려 왔습니다
그녀는 울먹이며 그동안 맘 상했던 것을 다 털어 놓았습니다
내가 모르는 외래에서 있었던 일들
거기엔 오해라는 단어가 끼어 있었습니다

마음은 그렇지 않은데
듣는 이에 따라 오해하게 만드는 말투를 가진 직원에게
그녀는 깊은 상처를 받았던 겁니다

난 그녀의 마음을 충분히 이해했고
그 상황에 대해 진심으로 사과했습니다

그녀가 왔습니다
가슴 응어리가 풀려 너무 시원하다 했습니다

이른 아침
그녀의 모습을 본 나 역시
후련한 마음으로 오늘의 진료를 시작했습니다

○ Epilogue
채옥은 이전에 근무했던 병원에서부터 환자였습니다. 이전에 근무하던 병원에 연락처를 남겨 놓지 않아 2년간 내 소식을 수소문하다가 우연히 다시 만나게 되었습니다. 살다보면 만날 사람은 꼭 다시 만나게 되나 봅니다. 우리는 서로 안고 반가워 눈시울을 적셨습니다. 그런 인연의 환자 가슴에 상처를 줬다는 것이 너무 가슴 아파 기도하며 기다린 날들이었습니다.

이른 아침에 마음으로 받은 선물

이른 아침, 부부 환자가 진료실 문으로 들어옵니다

형편은 어렵지만 늘 웃으며 감사한 마음으로
살아가는 모습이 아름다워 맘을 주고받는
가족 같은 환자입니다

몇 달간 보이지 않던 부부가 모습을 드러냈고
난 그동안 어디서 무엇을 했는지 물었습니다

부부는 시골 모처에서 칡넝쿨을 죽여
나무를 살리는 일을 했다고 합니다

그 일은 6개월 동안 계속해야 했고
부부가 그렇게 해서 받은 돈은 300만 원이랍니다
한 달 평균 50만 원인 셈입니다

남편이 장애가 있어
항상 부인과 2인 1조로 일을 하러 다닙니다

부부는 새벽마다 우리 병원을 위해 기도를 하고 있었답니다
그런데 오늘 아침엔 응답이 있었다고 했습니다

'김서영 원장이 지금 돈이 필요하니
너희가 순종하는 마음으로 도와라.'
라는 음성이었답니다.

어느 인터뷰에선가
'부자이고 싶다.'라는 생각을 말한 적은 있지만

내가 부자이고 싶다는 건
지금 내 앞의 이런 분들을 좀 더 돕고 싶어서인데
그 한마디가 가족 같은 환자의 가슴을 아프게 했나봅니다

○ Epilogue
새벽기도 가면 여기서도 김서영 저기서도 김서영 하며
기도해주시는 엄마들이 많더라고 한 권사님이 말씀하
셨습니다. 늘 받기만 하는 것 같아 죄송한 마음이 많이
드는 날입니다.

보듬음

얼마나 차갑게 느꼈으면
저렇게 꽁꽁 마음 문 닫았을까

얼마나 아프게 느꼈으면
저리도 칼날옹벽 세우는 걸까

얼마나 따뜻한 말 듣지 못했으면
저리도 공격적인 언어만 내뱉는 걸까

입에서 나오는 첫 단어는
쌍시옷이요

스치는 사람 쳐다보는 눈
열두 번은 꼬인 마음의 눈빛

세상 누구도 곁에 있기 싫어하고
주홍 글씨 등에 새긴 젊은이

쌍시옷으로 시작하는 말투지만
꼬이고 꼬인 마음이건만
째려보는 듯한 눈빛이건만

손가락질이 아닌 손잡음을
질책이 아닌 따뜻한 마음을
피하고 멀리함이 아닌 보듬음을

저 젊은이를
사회의 일원으로 받아들이는 것은
우리 모두의 몫이 아닐는지

○ Epilogue
먼 곳 다녀온 지 며칠 안 된 청년과의 첫 만남입니다.
대기실에서 빨리 진료해주지 않는다고 혼자 중얼거리
는 말이 쌍시옷으로 시작했다는 직원들의 말에 게임을
걸기로 했습니다.

게임 시작

진료 받고 병원을 나가는 청년이
게임 대상으로 선정됐습니다

직원들과 점심 먹으며
오늘부터 게임 시작이라고 선포했습니다

게임 대상이 선정되면
원장인 나뿐만 아니라
모든 직원들이 대상을 향해 매진합니다

사람의 마음을 돌린다는 것이
쉽지는 않지만 그렇다고 어렵지만도 않음을
수차례 경험했기에 직원들도 보람을 느끼며 동참합니다

세상을 향해 닫힌 마음들
밝음이 아닌 어둠만을 보는 마음들
불신과 불만으로 가득한 마음들

그들은 오히려
밝음을 더 갈구하고
믿음과 인정을 더 갈구하는 사람들입니다

그래서 작은 촛불에서 밝음을 볼 수 있고
적은 베풂에서 감동할 수 있음을
적지 않게 봐왔습니다

오늘 시작한 게임은
머지않아 밝음과 신뢰, 인정의 승리로
기쁜 노래를 부를 것임을 확신합니다

○ **Epilogue**
　청년에게 게임을 걸었습니다. 게임을 건다는 건, 온 마음을 다해 상대의 마음을 열기 위한 병원 식구들의 사랑 나눔입니다. 먼저 병원이라는 장소를 집 같다는 생각이 들게 해야 합니다. 여기에 어떠한 형식이나 과장도 첨가되어서는 안 됩니다. 우리부터 마음을 열어야 상대의 마음도 반응을 합니다.

세상 속으로

온종일 뭐 하세요?

그냥 방에만 있어요

지금껏 방에만 있었는데
이젠 마음대로 나갈 수 있는데
전철 타고 춘천도 가보세요
바깥바람도 쐬고 세상 사람들도 보고

전철이 춘천까지 가요?

전철 한 번만 갈아타면 갈 수 있어요

차비는 얼마나 해요?

내가 이끌어 내고자 한 질문이 나왔습니다

교통카드 한 장이면 돼요
그거 하나면 어디든 갈 수 있어요

제가 그 카드 만들어 드릴게요
거기 들어있는 만큼 다 다니고 나면
또 충전해 드릴게요

한번 나가 보세요
세상 속으로

갚을 능력도 없는데
어떻게 받죠?

갚지 않아도 돼요
웃으며 세상 속으로 들어가는 모습이 보고 싶어요
그 모습만 보여주세요

○ Epilogue
　청년을 세상 속으로 이끌기 위한 첫걸음을 시작했습니다. 아직은 미약하지만 청년의 마음 문이 조금씩 열리고 있었습니다.

세상을 향하여

게임 시작 몇 개월

미소 띤 얼굴로
"저 왔어요. 다음 주에 일하러 지방 가기로 했어요."

청년은 지방에 있는 목장으로 일하러 간다고 했습니다
삼복더위부터 시작되는 목장 청소일

옷 자주 갈아입으라고
티셔츠 몇 장과 수건, 치약과 비누를 샀습니다

그래도 선물이라 구입한 것들을 포장하면서
감사로 가슴이 훈훈해졌습니다

쌍시옷으로 입을 열던 청년의 입에서
일하러 간다라는 말이 나오기까지
함께해 왔던 병원 식구들에게 감사하고

세상 속으로 발을 내디뎌 준 청년에게
감사한 마음 가득한 월요일입니다

○ Epilogue
　게임 시작 몇 달 후 청년과 병원 식구들은 농담을 주고
받는 사이가 되었습니다. 병원 식구들도 청년을 친구
처럼 대하고, 청년은 나를 누나라고 부릅니다.

비가 오나 눈이 오나

동지가 가까워 오는지라
7시인데도 천지가 까맣습니다

오늘은 찬수 아빠가 다녀가신 흔적이 없어
어디가 아프신 건 아닌지 걱정이 됩니다

몇 년 전 어느 날
출근하며 간판 내어 놓는 걸 보시더니

지나가시던 찬수 아빠
"아이고, 우리 원장님이 이렇게 무거운 걸 내놓으세요?"

그리고 다음 날부터
입간판은 늘 나보다 더 일찍 진료 준비를 하고 있었습니다

그 후 몇 년의 세월 동안
특별한 일이 없는 한 간판은 늘 이른 출근을 했습니다

비가 오나 눈이 오나 한결같이
병원 입간판을 내어 놔 주시는 아빠

그런데 오늘은 아빠의 흔적이 없어서 걱정이 됩니다
내일 아침까지 기다려 보는 수밖에 없습니다

○ Epilogue
몇 년째, 매일 아침 오전 7시 전에 입간판을 끌어내려 놓고 가시는 찬수 아빠가 다녀가신 흔적이 없어서 어디 아프신 건 아닌지 걱정되었습니다.

사랑이 익어갑니다

냉장고에는 엄마들의 정성, 김치가 넘쳐 납니다
냉장고가 모자라 땅을 파고 독을 묻어야 할 정도입니다

짭짜름한 젓갈로 감칠맛 나는 전라도식 예순 엄마 김치
손수 키운 배추의 시원한 맛 경상도식 노미 엄마 김치

시원스런 성격처럼 손 크게 가져오신 순심 엄마 김치
갓김치, 파김치, 무김치 정성 담은 복순 전도사님 김치

예쁜 얼굴처럼 빛깔 고운 맛난 맛의 은서 씨 김치
총각김치, 배추김치 적당히 익어 달콤한 후영 씨 김치

매주 월요일이면 따끈한 고구마랑 가져오시는 인순 엄마 김치
아픈 다리 이끌며 담근 용점 엄마 김치

늦은 귀가에 밤새도록 담갔다는 병례 엄마 김치
갓 담근 겉절이 참기름 고소한 상심 엄마 김치

그리고 3층 언니 김치, 이불집 언니 김치
순댓국집 언니 김치, 옆집 언니 김치 등등

사랑 김치가 익어갑니다
원미동 엄마, 언니들의 인정도 익어갑니다

○ Epilogue
원미동 엄마 언니들은 매년 김장철이 되면 너나 할 것 없이 병원으로 김치를 들고 옵니다. 어느새 정성 담긴 김치 집합소가 된 김서영 의원에는 정과 사랑이 익어갑니다.

희망 심기
다시 맞이하길 바라는 삼복더위
위로라는 우산
부자이고 싶을 때
잘생긴 청년
조화로움이란
가슴 저리게 예쁜 아이들
초점 없는 두 눈
어느 별에선가
능소화 거리
무궁화
삼천 원의 기적
사랑 고백
또 하나의 가족
몸의 문신 마음의 문형
눈에 뿌려진 안개
매일 아침 데이트
인생이라는 무대

PART 2

꼭 괜찮아질 거예요

희망심기

온몸이 상처투성이인 민아
아토피성 피부염으로 밤새 긁어
2차 감염인 농가진으로
온몸 상처투성이 된 민아

어쩌자고 이 지경까지…
차마 말을 이을 수 없어
민아를 꼭 안았습니다

아이는 품에서 꼼짝하지 않고
보호자가 말합니다

"치료해도 그때뿐이잖아요."

민아 엄마뿐 아니라 다른 환자들도
평생 낫지 않는다면서 단정합니다

이 세상의 진리는 영원한 건 없으며 변한다는 것입니다

영원히 낫지 않을 것 같은 병도 언젠가는 나을 수도 있지요
내일이 될 수도, 한 달 후가 될 수도,
일 년 후가 될 수도 있습니다

아무리 치료가 힘든 병일지라도
언젠가는 떠날 친구라 생각하고

떠날 때까지 밥 달라면 밥 주고
물 달라면 물 주면서 다스리며 같이 가다 보면
그 녀석도 분명 뒷모습을 보일 때가 있을 겁니다

치료하는 사람도, 치료 받는 사람도
안 된다고 단정 짓지 말아야 합니다

그리고 조급해 하지 말고
포기하지 말아야 합니다
희망을 놓지 말아야 합니다

○ Epilogue
심한 아토피성 피부염으로 한방, 양방, 민간요법까지 다 해보다 희망을 놓아버린 민아와 가족. 그런 민아를 꼭 껴안으면, 품 안에서 말똥거리는 눈동자가 가슴을 저리게 합니다.

다시 맞이하길 바라는 삼복더위

환자와 의사로 맺은 인연
일곱 번째의 여름날

언제나처럼 오늘도 하이파이브 후 마주 잡은 손
조금씩 잃어가는 혈색
약해져 가는 손의 힘

"나 기운 없어."
하시는 말씀에
가슴이 아립니다

의사의 느낌으로 하늘 사다리 내려와 있음을 알기에
손끝 하나의 반응, 말 한마디에도 가슴이 저립니다

"오늘은 딸이 선물하는 영양제니까 맘 편하게 맞고 가셔요."
아빠 눈이 붉어집니다

초점 흐려지는 눈 보이지 않으려 손부채질하며
"오늘 날씨가 많이 덥네. 아빠."

아빠도 눈물 보이지 않으려 고개를 돌리며
"그러네. 덥네."

그리고 우린 손만 마주 잡고
아무런 말도 하지 않았습니다

아빠와 나
둘이서 나눈 마음 언어가 가슴 저린 여름날입니다

○ Epilogue
　수년 동안 늘 환한 미소로 진찰실을 들어오시면 하이파이브를 하고 진료를 시작하는데 요즘은 진료실을 나가실 때 두 팔을 벌리십니다. 포옹을 하고 "빠이, 빠이!" 하며 진료실을 나가시는 뒷모습을 보며 기원합니다. 아빠와 내년 여름에도 하이파이브 할 수 있기를.

위로라는 우산

오늘은 간 종양 진단을 받은 환자가
수술받기 위해 아산병원으로 가는 날입니다

옆에서 볼 때는 소낙비로 느껴져
어설프게 위로라는 우산을 내밀지만

당하는 본인에게는 아마도 쓰나미요
해일로 다가와 버티기 힘들 겁니다

애써 미소 지으며 진료실 나가는 환자에게
난 우산을 내밀지 않았습니다

단지 환자의 눈을 바라보며, 손에 힘을 주며
"아빠! 잘 하고 오셔요."

환자는 눈물을 글썽이며
"예~ 원장님~" 하며 잡은 손을 놓고
병원 문을 나가시다 다시 뒤를 돌아보십니다

그 모습이 하루 종일 가슴을 아리게 했습니다

○ Epilogue
준익 아빠는 명절 때마다 로또 복권을 직원들에게 선물하시는 분이십니다. 직원들이 선물을 받고 며칠을 행복해하지요. 오늘은 수술을 받으러 가시기 전에 원장 얼굴을 보고 가면 안심이 될 것 같다고 오셨답니다. 얼마나 불안하셨으면 그러실까요. 많이 불안하신가 봅니다.

부자이고 싶을 때

30세 젊은 나이에
얼마나 세상 짐이 무거웠는지
몸이 버티질 못해
언행이 마비된 큰 눈의 이순 씨

그녀의 질질 끌리는 발걸음 소리에
나는 핸드폰을 먼저 챙깁니다

그녀와의 대화 방법은
핸드폰 문자이기 때문에

오늘은 커다란 눈 가득 이슬 머금고
내게 핸드폰을 내밀었습니다

"집에 돈이 다 떨어져서 병원에 올 수 없어요.
약을 많이 주세요."

"돈 없으면 그냥 와요."

"돈도 못 가지고 오는데 어떻게 치료를 받으러 와요."

"내가 해줄 수 있는 건 이것뿐이니까
다른 생각하지 말고 그냥 와요."

고개 숙인 이순 씨 핸드폰에 눈물방울이 떨어졌습니다
내 핸드폰은 뿌연 안개가 덮여 글이 보이질 않습니다

원미동에 온 후
돈이 많았으면 좋겠다는 생각을 할 때가 있습니다

많이 있으면
많이 나눌 텐데

내 힘 너무 미약하고 보잘것없어
가슴이 답답하고 아플 때가 많습니다

○ Epilogue
　강의하다 강단에서 뇌출혈로 쓰러진 이순 씨는 언어장애가 있어 핸드폰 문자로 대화를 합니다. 병을 앓기 전에는 유능한 학원 강사였다는 엄마의 말씀이 가슴을 더 저리게 합니다.

잘생긴 청년

어릴 적 뇌수막염으로
평생을 어린아이로 살아가야 하는 청년

훤칠한 키 뚜렷한 이목구비
항상 웃는 얼굴

다물어지지 않는 입
손에 들린 손수건은 의지와 상관없이 움직이고
끝없이 흘러내리는 한(恨)의 줄기

천진난만한 미소 띠며
바라보는 눈망울 마주하면
난 45도 각도의 천정을 봅니다

내 눈에 미소 사라지면
준이도 눈을 깜빡깜빡하면서
금방 미소가 사라지기 때문입니다

오늘도 준이는 진료를 마치고
불편한 손으로 바이, 바이를 하며
다리를 끌고 진료실 문을 나갑니다

하나, 둘, 셋 하기 전 뒤를 한번 돌아보며
아련한 눈빛으로 내 가슴을 아리게 하고

○ Epilogue
어릴 적 뇌수막염으로 평생 어린아이로 살아가는 청년은 침이 흘러내려 목이 항상 젖어 있습니다. 성치 못한 손에 들린 손수건으로 침을 닦으려 하지만 손이 맘대로 돌아가 엉뚱한 곳에 손수건이 닿아 있곤 합니다. 그때마다 휴지로 흐르는 침을 닦아주면 '히' 하며 웃지요.
그 미소가 내 가슴을 더 아리게 합니다.

조화로움이란

천지간 이치 중 조화로움이 가장 아름다운 것

생물이건 무생물이건 조화가 깨어지면
아름다움과는 거리가 멀어집니다

만물의 영장인 인간은 더욱더 그렇습니다

조화롭지 못한 사람은 아름답지 못하고
주변을 불편하게 만듭니다

노부부가 진료실에 들어섰습니다

아빠의 고집스러움에 엄마는 안절부절
대기실 환자들 이마엔 내천(川) 자가 그려지고

대기실 분위기를 싸하게 연출한
부조화의 극치인 김도원 아빠

오늘 도원 아빠에게 게임을 걸기로 하고
직원들에게도 게임 선언을 했습니다

얼마일지는 알 수 없지만, 세월이 흐르면
미소 띤 얼굴로 병원 문을 들어서리란 믿음을 가지고

○ Epilogue
아빠는 등록하려고 신분증 제시를 요구하는 직원에게 소리를 지르며 화를 내셨습니다. 그 모습을 보고 도원 아빠에게 게임을 걸었습니다. 게임 걸기가 시작되면 강력한 사랑솔루션이 가동됩니다.
그리고 많은 날들이 지나지 않아 도원 아빠의 입가에서 잔잔한 미소를 볼 수 있었습니다. 늘 찌푸렸던 아빠의 얼굴이 미소를 띠자 참 잘 생기셨다는 생각이 들어서 "아빠 멋지시다!"라고 했더니 더 많이 웃으십니다.

가슴 저리게 예쁜 아이들

이른 아침
몸을 가누기 힘든 듯
병원에 들어서자마자 대기실 의자에 몸을 던졌습니다

"원아, 왜 그래?"
외래 간호사들이 달려가 체온을 측정하니
39도 몸이 펄펄 끓고 있었습니다

이제 겨우 9살짜리 아이의 보호자는 2살 아래 7살 동생

아이의 옷을 벗겨 체온을 떨어뜨리고
주사를 놓으려 했지만 아무것도 먹지 못했다 해
부드러운 빵을 사다 미지근한 물과 함께 조금씩 먹였습니다

원이는 물에 녹인 빵 몇 조각 넘기고
힘없이 주사실 침대에 누웠습니다

그 모습이 너무나 가여워 가슴이 저려왔습니다
여느 아이 같으면 엄마, 아빠 손잡고
주사 안 맞겠다고 어리광 부릴 나이인데

엄마, 아빠는 버겁게 새벽 일터 나가고
아이는 이미 어른이 되어 있었습니다

텅 빈 집에서 혼자 힘들어하는 것보다
학교 보건실이 더 나을 것 같아
학교로 보냈습니다

병원 문을 나서는 어른 아이 원이의 뒷모습이
가슴 저림으로 다가오는 아침입니다

○ Epilogue
이른 아침 원이가 동생과 병원에 왔습니다. 열이 심해 응급 조치를 하며 아이를 안정시키고 빵을 사다 먹였습니다. 빈 집으로 보낼 수 없어서 학교로 보냈습니다. 보건실에는 양호 선생님이 보호자 역할을 해줄 수 있을 것 같아서였지만 가슴이 왜 이리 저린지 모르겠습니다.

초점 없는 두 눈

초점 없는 두 눈과 마주하니
말이 아닌 가슴이 먼저 갑니다

심장 소린 여느 사람과 같은데
감정 없는 무표정의 얼굴

그래서 더 슬퍼 보이는 두 눈
코끝에 흐르는 차가움 한줄기

두 손 마주하고 한참을 바라보니
그의 눈에도 이슬이 맺힙니다

마음으로 나누는 대화를 깨는 간호사의
환자 밀렸다는 독촉에

진찰실을 나가며
뒤돌아보는 모습이 내 맘을 아리게 합니다

○ Epilogue
30대 나이에 뇌출혈로 쓰러져 반신불수가 된 단골 환자의 아들 영수 씨와의 첫 만남입니다. 영수 씨는 건장한 청년이었는데 평소 높은 혈압 조절을 하지 않아 쓰러졌고, 그런 아들을 바라보며 사시던 늙으신 엄마, 아빠는 넋이 나간 세월을 지내셨답니다.

어느 별에선가

월미동에 어울리지 않는 도도함
김서영 의원과 어울리지 않는 까칠함

강남의 세련된 인테리어와
권위 있는 의사들과 어울리는 두 분

차도녀 두 엄마와의 인연이 시작되었습니다
이름은 분위기와 안 어울리는 언니 춘자, 동생 춘매

대기실에 들어서서 다른 사람들 곁에 앉지도 않고
빨리 진료해 달라고 성화입니다

병원에 오면 병이 옮는다고
피부 관리실로 들어가 있었습니다

그 모습이 너무 귀여워서 '게임을 걸까' 생각하며
눈을 쳐다보며 이마를 가까이하고 웃었더니

언니 되는 춘자 엄마가 웃었습니다
동생 춘매 엄마는 "언니야는 와 웃노?" 하며 같이 웃습니다

살아오면서 어느 별에서인가 함께한 듯한
느낌이 오는 사람을 가끔 만나지요

우린 먼 길 돌아 만난 것처럼 말 한마디 하지 않았지만
서로 마음 문 열리는 소리를 들었습니다

게임은 시작하기도 전에
끝나버렸습니다

○ Epilogue
춘자, 춘매 엄마가 처음 병원에 왔을 때입니다. 그리고 엄마와 딸처럼 지낸 세월이 7년이 되어가네요.

능소화 거리

힘겨운 걸음 재촉하는 이들로 가득한
원미동 거리

울퉁불퉁한 보도블록에 지팡이가 끼어 넘어졌다는
엄마들의 하소연 삼킨 원미동 거리

주차 공간 모자라 개구리 주차한 자동차들 때문에
이리저리 곡예하며 걸어야 하는 원미동 거리

삭막하지만 사연 많은 원미동 거리
전봇대 옆에 피어난 능소화

소리 없는 외침과 매연을 머금고 피어있는
원미동 엄마, 아빠, 아들딸을 닮은 능소화입니다

옛날 옛날 한 옛날에 지어놓은 능소화 시(詩) 구가
오늘따라 슬프게 다가오네요

스쳐가는 바람결
그리운 이의 발자국 소리인가

달그림자 드리우면
행여 보고픈 이의 모습일까

구중궁궐 깊은 곳에
시리고 아린 가슴 부여안고

기다리고 기다리다
꽃이 되어 버렸다는 능소화

○ Epilogue
희순 엄마가 깨진 보도블록에 지팡이가 끼어 넘어지셨습니다. 희순 엄마는 아이를 못 낳는다고 시부모에게 쫓겨나서 혼자 사신 지 40년이 되었지요. 처음에는 남편을 먼발치서나마 보러 가곤 하셨다네요. 남편도 희순 엄마를 못 잊어 했지만 세월이 흐르면서 남편과 다음 생을 약속하고 지금까지 홀로 계십니다. 얌전하고 여리고 고운 희순 엄마는 원미동의 한 송이 서러운 능소화이십니다.

무궁화

원미동 시장을 지나
신도시 중동으로 연결된 도로의 끝

저녁나절 트럭에 생선을 실어 놓고
학교 담벼락 아래 쪼그리고 앉아 빵을 드시는 아빠

한 조각 빵으로 저녁을 때우는 것 같아
맘이 짠해 고등어를 샀습니다

모임 가는 길이라 생선을 들고 갈 수 없어
학교 뒷문 무궁화 화단 사이에 자리한 고양이에게
고등어를 선물하고 돌아서려는데

무궁화가 낙화되어 시멘트 바닥에 널려 있습니다

필 때의 소박함도 곱지만
마지막이 더 아름다운 무궁화

열두 폭 치맛자락 고이 접은
단아한 여인네의 모습처럼

꽃잎 하나하나 또르르 말아
곱디곱게 마무리할 줄 아는 무궁화

그런 무궁화에서
사람살이의 처음과 마지막을 배웁니다

○ Epilogue
 노점에서 생선을 파시는 아빠는 간암 수술을 하고 항암 치료를 하시는 중에도 눈이 오나 비가 오나 장사를 나오십니다. 가족들 굶길 수 없다며 죽는 날까지 가장의 도리를 다하려 하신다는 아빠의 뒷모습이 무궁화와 닮았습니다. 그래서 더 마음이 아립니다.

삼천 원의 기적

손수레 하나 장만할 여력도 없어
아니, 손수레 끌 힘조차 부족하여
땅을 향해 굽은 허리에 그물망 묶어

박스와 찌그러진 캔 찾아
쌕쌕거리는 숨소리 몰아쉬며
덜그럭 덜그럭 골목을 누비는 미녀 엄마

살아온 삶의 무게 너무 무거워
살아갈 날들의 무게 너무 버거워
휴~ 내쉬는 한숨소리 심곡동 골목의 아픈 소리였지요

온종일 주워 모은 고물 팔아 손에 쥔 삼천 원으로
한 박스의 비타민 음료를 사셨건만
2층에 자리한 병원 계단 들고 오르지 못해

약국 직원 손에 들려 보내시면서
매일 한 병씩 챙겨 먹으라는 당부의 말만 전하시고
엄마는 또 허리춤에 그물망을 매달고 골목을 헤매시겠지요

어떻게 벌어서 사온 음료임을 알기에
차마 목으로 넘길 수 없었지요

다른 사람 주지 말고
매일 한 병씩 마시라는 엄마의 당부지만
목에 걸려, 가슴에 걸려 넘어가지를 않아

미녀 엄마처럼 버겁게 삶의 무게 이끄는
심곡동의 엄마, 아빠들께 한 병씩 드렸었지요

한 병의 비타민은 다시 한두 박스의 음료로
성경에 나오는 오병이어의 기적이 심곡동에 일어났지요

그 기적은 기적을 낳아 음료가 쌓여 가는데
기적을 만들었던 엄마가 다른 곳으로 이사를 가셨어요

어느 곳인지도 모르고 부천시는 맞는데
버스를 두 번 타야 올 수 있는 곳이라 했었지요

그리고 원미동에 자리한 지 7개월이 지난 가을,
미녀 엄마를 만났지요

엄마가 말한 버스 두 번 타고 오는 곳이
바로 원미동이었네요

○ **Epilogue**
노인정에서 얘기하는 선생님이 심곡동의 선생님인 것 같아 혹시나 해서 찾아와 보셨다고 했습니다. 엄마와 나는 잃어버린 부모 자식이 만난 것처럼 얼싸안고 좋아했었지요. 그리고 다시 이어진 인연의 세월은 일곱 번의 가을을 지났습니다. 엄마의 허리는 땅에 닿을 듯 숙여졌고 천식 때문에 움직이기가 힘들어하시네요. 우리 엄마, 아빠들에게는 비켜 갔으면 싶은 세월은 오늘도 속절없이 흐르고 있습니다.

사랑 고백

이 세상과 인연한 지 4년 6개월의
너무나 귀여운 아이

커서 의사선생님하고 결혼할 거라며
병원에 오면 부끄러워 몸을 이리저리 꼬는 아이

한밤중 고열이 나서 응급실 데려 가려 할 때
우리 선생님 병원 문 열 때까지 기다릴 거라며

39도의 고열을 밤새 끙끙거리며 참아내고
아침 7시 30분을 기다린 아이

어린이집에서 한글을 배우기 시작한 날
러브레터를 썼답니다

이해할 수 없는 자음 모음의 엇갈림 속에서
원미동 사랑가를 가슴으로 느낀 하루였습니다

○ **Epilogue**
가을이 깊어가는 9월 끝자락에 우주에게 러브레터를 받았습니다.

또 하나의 가족

아토피성 피부염으로 첫 인연 줄 엮은
막 학교에 들어갔던 민주

민주는 줄줄이 사탕 끌고 오듯
나에게 또 하나의 가족을 선물했습니다

민주의 할아버지는 나의 아버지가 되었고
할머니는 나의 엄마가 되었으며

민주 엄마, 아빠, 삼촌들은 나의 동생이
민주의 형제자매들은 조카가 되었습니다

어느덧 정으로 다져진 일곱 번의 봄이 지난 후
아빠는 먼 여행 떠나시고 엄마는 허리수술을 해야 합니다

다들 편안하고 행복했으면 좋으련만
세상풍파 견뎌야 함을 바라봄이 가슴 저리지만

힘든 삶 속에서도
희망과 미소 잃지 않는 가족들에서
사람살이와 사랑살이를 배웁니다

오늘, 또 하나의 내 가족은
원미동의 시린 연가를 부르게 하네요

○ Epilogue
가족처럼 지낸 세월이 8년이 되어 갑니다. 아빠는 하늘나라 가시고 엄마는 나물 하나를 무쳐도 병원 몫까지 하십니다.

몸의 문신 마음의 문형

어릴 적 잠깐의 실수로
아로새긴 문신

한 아이의 아빠가 되자
아로새긴 용의 모습 부끄러워
조심스레 병원을 찾아 온 초보 아빠

자라는 아이의 눈이 염려되어
은밀히 새겨진 장미꽃 지우러
병원을 찾았다는 젊은 엄마

레이저로 용 문신 하나씩 없애가며
장미 꽃잎 하나하나 지워가며

가슴 깊이 아로새겨진 온갖 문형들
함께 지우는 심의(心醫)이기를 소원해봅니다

○ Epilogue

용이가 아빠에게 묻더랍니다. 아빠, 엄마는 왜 종이에 그림을 그리지 않고 몸에 그렸냐고. 용이 엄마는 재치 있는 답을 했답니다.

"아빠, 엄마가 공부할 때는 종이가 없어서 할 수 없이 몸에다 그렸단다. 이건 곧 없어질 거야. 용이가 공책에 그린 그림을 지우개로 지우듯이 금방 지울게."

살아온 인생길도 지우고 싶은 건 지울 수 있으면 얼마나 좋을까요.

눈에 뿌려진 안개

등산을 하다 보면
가꾸지 않아도 예쁜 꽃과 나무를 만나기도 합니다

모진 비바람을 견디고 자란 꽃과 나무처럼
아들은 언제나 밝은 아들입니다

오늘은 넘어져서 무릎 전체가 으깨져
절룩거리며 병원엘 왔습니다

"이렇게 상처가 깊은데 이제야 오면 어떻게 하니?"
"이 정도쯤이야 껌이죠.
이런 것 가지고 엄살 부리는 건 사치죠.
그래도 흙수저라도 있어야 아프다는 말이라도 하죠."

가슴이 턱 내려앉는 것 같아
아무 말도 할 수가 없었습니다

아빠는 집 나가고
엄마는 새사람 만나 떠나고
고3, 중2 누나와 함께 사는 아들

아들은 언제나 병이 심해져야 병원에 와서
내 눈에 안개를 뿌리고 갑니다

○ Epilogue
언제나 밝고 어른스럽고 정 많은 아들은 밝게 자라 이젠 고등학생이 되었습니다. 운동을 좋아하여서 자주 몸에 상처가 나죠. 진료를 받으러 오면 문을 열고 고개를 삐쭉 내밀면서 거수경례를 합니다.
"샘, 안녕!"
그러면 저도 답하지요.
"응. 아들 왔어?"
오늘은 진료실에 들어와서 다정스럽게 말을 하네요.
"샘! 아프지 말고 살 좀 찌세요."

매일 아침 데이트

생후 11개월일 때 화상으로 첫 인연 맺은 준호

조금은 늦은 듯했지만 걷기 시작했고
엄마, 아빠를 부르기 시작했습니다

의사 선생님도 부르기 시작했고
어린이집을 가기 시작했습니다

어린이집을 가기 전 오전 8시 45분
눈이 오나 비가 오나 매일 병원엘 옵니다

꽃피는 시절에 시작한 준호와의 아침 데이트는
벌써 두 번의 크리스마스를 맞이합니다

오늘도 진료실 문을 똑똑하며
"준호 왔어요."라고 데이트 신청을 하네요

○ Epilogue
어린이집 가기 전 병원에 와서 청진하라고 옷을 걷고, 목 안 보라고 입을 벌린 후 빠이, 빠이를 하고 가는 준호는 매일 아침 저에게 데이트를 신청합니다. 우리의 데이트는 두 번의 겨울을 맞이합니다.

인생이라는 무대

환자들이 묻습니다
자면서도 웃냐고

어떤 이는 묻습니다
화를 내 본 일이 있냐고

또 어떤 사람은 묻습니다
항상 그렇게 기분이 좋냐고

오늘은 90세 넘은 남춘 엄마가 묻습니다
"원장은 뭐가 그리 좋아서 허구한 날 웃나?"

어쩌면 난 사바세계 무대 삼은
노련한 연기자라는 생각이 들었습니다

혼자 먹는 음식의
소태같이 쓴맛을

박자 잃은 심장이 제멋대로 춤출 때
현관 방범 고리 풀어 두는 설움을

하늘가에 걸어두고

무당 작두 타듯 혼신의 힘 다해
신바람 연기를 펼치고 있으니 말입니다

○ **Epilogue**
내 손을 잡으며 "뭐가 그리 즐겁냐?"라고 물으시던 남춘 엄마가 뇌출혈로 쓰러지셨습니다. 다시는 엄마의 미소를 볼 수 없음이 가슴 저립니다.

김서영 노래방
부디 그곳에서는
한(恨)일랑 놓고 가소서
하얀 밤
눈은 오는데
눈물씨앗
사랑해 주셔서 고맙습니다
산 사람은 산다지만
슬픈 그림 그리는 날
하늘 사다리
작별 인사도 없이
가는 세월 어찌하랴
마지막 안식처
가슴 우물
마지막 순간까지
하늘 행 꽃가마
엄마 아빠 병원
떠난 이의 흔적

PART 3

우리 꼭
다시 만나요

김서영 노래방

당뇨 합병증으로
혈액 투석을 하고 있는 수자 언니

그녀가 병원에 오면
대기실은 개그콘서트 장으로
물리 치료실은 노래방으로 바뀝니다

오늘은 한 단계 업그레이드되어
춤 방으로 바뀐 물리치료실

주사를 놓으러 물리치료실에 들어서자
그녀가 내 손을 잡고 말합니다

"원장님 한번 땡기실까요?"

발가락 한쪽을 절단해
온전한 걸음도 힘들건만

환히 웃으며 손 내미는 그녀
그녀의 손을 잡고 한 바퀴 빙그르 돌며
그녀를 안았습니다

그녀의 등을 토닥토닥하자
그녀도 내 등을 토닥거리며 말합니다

"원장님! 건강하게 오래 오래
원미동에 머물러줘요."

그녀의 숨겨진 아픔을 알기에
우린 서로 더 힘껏 껴안고 서로의 등을 토닥거렸습니다

○ Epilogue
당뇨합병증으로 눈도 잘 보이지 않고 발가락은 절단되었지만 수자 언니는 병원에 오면 춤과 노래로 행복 바이러스 역할을 하곤 했습니다. 동백아가씨를 맛깔나게 부르던 그녀는 석 달이 지난날 거추장스러운 육신을 벗어던지고 하늘 길 올랐습니다. 언니의 두툼한 안경 너머 슬픈 눈은 지금도 내 가슴에 남아있습니다.

부디 그곳에서는

서희 엄마!
곱디곱던 모습
아직도 눈에 아른거립니다

아픈 다리 끌며
이른 아침 뭐라도 먹이고 싶어
병원 문 앞에서 기다리던 서희 엄마

한 손엔 지팡이, 한 손엔 빵 봉지
지탱하기도 힘든 몸으로
병원 계단에 앉아 기다리던 모습 선한데

어느덧 요양원 생활 1년하고도 5개월
힘없이 바라보는 모습
내 가슴 아리고 저려 자주 가지 못했습니다

당신을 보고 돌아온 후엔
그 모습 눈에 밟혀 몇 날이 아팠습니다
그 아픔 견디기 힘들어
병원 앞까지 갔다가 돌아오길 수차례

오늘 아침 병원에서 날아온 소식
"서희 님 곧 임종하실 것 같습니다.
보호자로 원장님이 적혀 있어서 전화드렸습니다."

진료 때문에 바로 달려가지 못하고
점심시간에 급히 달려가니
30분 전에 운명하셨다는 간호사의 말에
장례식장 안치실로 뛰어 내려갔습니다

다른 사람 입관 중이라
엄마를 보여 줄 수가 없다는 말에
복지과와 연락만 하고 돌아왔습니다

찾아오는 이 아무도 없는
차가운 안치실에 서희 엄마를 모셔놓고
난 또 환자를 봐야 합니다

엄마!
서희 엄마!
한(恨)일랑 놔 버리고
외로움도 버리고
편안히 가세요

다음 생엔
좋은 가정에 태어나
결혼도 하고 자식도 낳아
마지막 가는 길
무연고자라 불리지 마세요

○ Epilogue

서희 엄마는 신앙촌 전도사로 평생 홀로 사셨습니다. 범박동 신앙촌이 사라진 후에도 홀로 사시다, 한의사였던 아버지께서 보시던 책을 유산이라며 제게 주셨습니다. 요양원 생활 1년 반 동안 보호자로 지내며 아렸던 가슴보다 더 아리게 하고 먼 길을 떠나셨습니다.

한(恨)일랑 놓고 가소서

옛 어른 이르시길

홍시만 떨어지나
땡감도 떨어진다 하였더이다

꽃 피고 새 우는 시절
꽃향기에 취해 있어야 할 나이에

오뉴월 푸르른 시절
북풍한설에 낙엽 되신 좋으신 분

미처 이루지 못한
수많은 꿈일랑 벗어 놓고 가소서

가시는 길목
한(恨)일랑 놓고 가소서

그 한(恨)일랑 남은 자들의
몫으로 두고 편히 가소서

편히 가소서
편히 잠드소서

○ Epilogue
영철 님은 얼마 전 공장 하나를 더 인수해서 너무 바빠 죽으려 해도 죽을 시간이 없으시다더니 급성 폐렴으로 에크모(체외막산소화장치)까지 돌렸지만 하늘 길 오르셨습니다. 병원에 오실 때면 과일을 박스째 들고 오시면서 시원한 미소 지으시던 영철 님을 이렇게 보지 못하게 될 줄은 꿈에도 생각 못하였습니다. 아무런 준비도 없이 날벼락을 맞은 느낌이라고 말하는 유가족 앞에서 어떠한 말도 위로가 되지 않음을 알기에 손만 잡을 수밖에 없었습니다.

하얀 밤

환자와 의사로 만나
엄마 딸 하자고 손가락 걸어 맹세한 지 4년
예쁜이 엄마는 하늘 길을 가셨습니다

밤을 하얗게 지새우고
기다리는 환자가 있는
내 성전에 나와 앉았습니다

발인 예배라도 드려 보내고 싶어
원로 목사님께 전화 드렸습니다
감사하게도 허락을 하셨습니다

그래도 마음은 무겁습니다
아니, 아립니다
많이 아립니다

내 나름 최선 다한
보냄의 수순이지만
뭔가 더 해드리지 못함에
미안한 마음뿐입니다

예쁜이 엄마!
정신 줄 놓았다고
구박하는 사람 없는 그곳에서
부디 부디 영면하세요

그리고 그곳에서 다시 만나요

○ Epilogue
예쁜이 엄마가 치매가 걸리셨습니다. 하신 말씀 또 하시고, 없는 친정 조카 자랑하시고, 그 옛날 어린 시절 얘기하고 또 하시더니 한스러운 인연줄을 놓으셨습니다. 쓸쓸히 보낼 수 없어서 목사님께 부탁하여 발인예배를 드렸습니다. 원미동의 슬픈 꽃 한 송이 바람결에 흩날린 날 내 가슴에 또 하나의 별이 내려와 앉았습니다.

눈은 오는데

눈 오면 어찌 걸어올거나
우리 원장 보러 어찌 올거나

그 목소리 아직도 귓전을 맴도는데
눈 내리기도 전 가셨습니까

북풍한설 몰아치면 어찌 올거나
우리 원장 보러 어찌 올거나

그 메아리 아직 끝나지 않았는데
북풍한설 몰아치기도 전에 가시었습니까

매일 억제된 미소 머금고
"면목 없네, 고맙네, 미안하네."

세 마디 늘 가슴 저리었는데
저린 가슴 이리 아리게 하고 가시었습니까

환자와 의사로 맺은 인연
그 인연 이리 깊어 가슴 한구석 텅 빈 것 같은데

인연 따라왔다가 인연 따라간다는 성현의 가르침
가슴에 와 닿을 날 그 언제나 올까요

○ Epilogue
힘들어하실 때, 치료해 드리고 영양제 놔 드리면 "면목 없네, 고맙네, 미안하네." 하시던 금순 엄마가 갑자기 떠나셨다고 보호자에게 연락을 받았습니다. 40킬로그램의 마른 체구와 앙상한 손이 눈에 아른거립니다.

눈물 씨앗

갈라진 뒷살과 일그러진 다리 이끌고
성치 못한 쉰둥이 딸 앞세우고

걸음걸음 한 서린 눈물씨앗 심고 심으시더니
그 씨앗 벌써 거두시었습니까

천방지축 날뛰는 아이 아닌 아이 두고
어찌 두 눈 감으셨나요

쉰둥이 아이 눈에 어린 눈물방울
내 가슴 이리 저린데

규채 엄마는
그 손 어찌 놓으셨나요

한 서린 여든 살 인생
내 죄요, 내 죄요 하시던 그 음성 메아리로 남아

제 가슴에 또 하나의
눈물씨앗으로 자리합니다

○ **Epilogue**
쉰 살이지만 세 살 정도의 지능을 가진 딸 미은을 데리고 고생하시던 규채 엄마. 천방지축 날뛰는 딸을 힘으로 이기지 못해 병원에 오실 때면 몸과 몸을 끈으로 묶어 오셨습니다. 규채 엄마는 피부암 치료를 포기하고 사시다 하늘 길 가셨습니다. 딸 미은이가 오늘 와서 "엄마 죽었다!"며 우네요. 그 후 미은이는 시설로 보내졌습니다. 시설로 들어가기 전에 병원에 온 미은이의 마지막 말이 현실이기를 지금도 기원합니다.
"의사 언니야! 나 좋은 데 간다. 거기는 아주아주 좋은 곳이래."

사랑해 주셔서 고맙습니다

언제나 한결같았던 봉염 엄마

육신의 몸을 주신 엄마를 보내던 날
"내가 엄마 되어 줄게." 하시며
가슴 아파하셨던 봉염 엄마

손수 까서 찧은 마늘
냉동실에 넣어놓고 먹을 것만 꺼내라며
정성과 사랑 담아 주시더니

그 마늘 아직 남아
엄마의 깊은 맘 전하고 있는데
이리 떠나버리시면 어찌하나요

환자와 의사로 맺은 인연
믿음과 사랑으로 다져진 시간들
엄마와 딸처럼 지내온 6년 세월

혈육 못지 않게 쌓인 정(情)의 세월만큼
엄마를 보내는 이 가슴 아리고 저리지만
온 맘 다해 영면을 기원합니다

엄마!
힘들고 버거우셨던 이번 생
미련일랑 두지 마시고 편히 가세요

그리고 먼 훗날
그곳에서
다시 만나요

사랑 주셔서 감사합니다
믿어 주셔서 감사합니다
사랑했습니다
고마웠습니다

○ Epilogue
  엄마처럼 밑반찬과 철따라 양념까지 챙겨 주시던 봉엽 엄마. 딸과 엄마로 지내온 정든 세월 뒤로하고 추운 겨울 새벽 제 곁을 떠나셨습니다.

산 사람은 산다지만

산 사람은 산다지만

사는 세월
추억이 칼날 되어
온 맘 구석구석을 난자질하는 세월입디다

이제 막 시작된 추억의 칼날 휘두름 속에
차라리 함께 떠나고 싶을 겁니다

엄마 곁에 편안히 눕고 싶을 겁니다

산 사람은 산다지만
차라리 길을 함께함이 편할 것 같을 겁니다

하지만 옛 어른들 말씀 다 맞습디다
산 사람은 산다더니 이렇게 살고 있잖아요

세월이 약입디다
조금만 참고 세월지우개를 믿으셔요

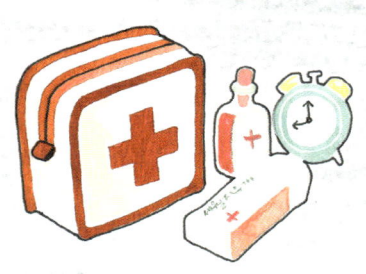

○ Epilogue
사랑하는 사람을 다시는 볼 수 없다는 것이 얼마나 큰 아픔인지 당해본 사람만 알기에, 삼우제를 지내고 찾아온 봉엄 엄마 가족들에게 내가 느꼈던 아픔을 이야기했더니 눈물을 흘렸습니다.

슬픈 그림 그리는 날

오늘은 슬픈 그림을 그릴 수밖에 없는 날입니다
제정신이 아니어서 모두들 피했지만
나에겐 가슴 한쪽에 자리한 아이 어른이었던 봉미

나이 사십이 넘었지만 천방지축 날뛰며, 때론 웃으며,
때론 울면서 병원 문을 들어서던 모습을
이제 다신 볼 수 없게 된 날입니다

어디서 누구에게 맞았는지
시퍼렇게 멍든 얼굴로 병원으로 뛰어와

세 살짜리 어린아이처럼
"언니야! 오빠야가 때렸다!"
외치며 품에 안겨 울던 아이 어른

시장을 헤매다 먹을 것을 얻는 날이면
"언니야, 이거 먹어라!"
시커먼 손을 내밀던 아이 어른

때론 아무 이유 없이 간호사들에게 소리소리 지르며
눈이 돌아가 펄펄 뛰던 그녀

원장실로 뛰어 들어와
"쟤들이 나를 무시했다 언니야!"
눈동자를 굴리며 씩씩거릴 때도

있는 힘껏 꼭 껴안으면
갑자기 순한 양이 되어
"언니야 미안타…." 하던 아이 어른

그녀에게서 풍겼던 냄새는 악취가 아닌
사랑 고픔, 관심 고픔…. 고픔의 냄새였건만

그녀의 고픔을 악취로 여겨 피하기만 한 세상은
그녀로 하여금 다시 오지 못할 길을 향해
몸을 던지게 만들었습니다

너무나 담담하게 상황을 설명하는 주민센터 직원들이
부러울 만큼 내 감정이 흔들리는 날입니다
오늘은 왼쪽 가슴에서 손까지 저리게 아픈 날입니다

○ Epilogue
원미 시장의 정신 나간 여자로 통하는 봉미는 제정신이 든 어느 날 하늘 향해 몸을 던졌습니다. 세상과는 괴리가 있었지만, 사람 냄새 물씬 풍기는 한 여인이었는데….

하늘 사다리

아빠!
기호 아빠!

아빠가 이리도 급한 걸음으로
하늘 사다리 오르실 줄은 미처 몰랐습니다

이리도 빨리
하늘의 별로 자리하실 줄은 미처 몰랐습니다

뭐가 그리 급하시어
작별 인사도 없이 가셨습니까

뭐가 그리 못마땅해
원장 딸 가슴에 따끔거리는 사포 가루를 뿌리십니까

복사꽃 피고 능금꽃 피는 계절 속에
낙엽을 생각하지 않았겠습니까만

계절은 철없이 겨울인 듯
세찬 바람 몰아쳐 하늘 문 열어 놓았을지라도

조금만 더 참으시지
조금만 더 머물러 주시지

○ Epilogue
아빠와 딸처럼 지내온 4년 세월 의사 딸 생겨서 참 좋다고 하시더니 하필이면 개원 이후 처음으로 쉬었던 8월 15일, 아빠가 많이 아프셨습니다. 병원에 가보지도 못하고 인사도 없이 기호 아빠가 먼 길을 가버리셨습니다. 석왕사에 모셔진 아빠에게로 달려갔지만 아빠는 내 마음속 아빠로만 자리 잡고 계셨습니다.

작별 인사도 없이

일 년 만에 길에서 만나 얼싸안고 반가워한 엄마에게
아빠의 안부를 묻자

얼마 전
다시는 못 오실 곳으로 떠나셨답니다

병원에 오기를 죽기보다 싫어했다는 영랑 아빠

엄마의 끈질긴 권유에
어여쁜 여선생 얼굴이나 보고 가련다 하셨던 아빠

혈압과 당뇨병
그냥 안고 가리라던 아빠

어찌어찌 마음 문 여시고
농담까지 던지며

"원장 딸 보러 왔네." 하시던 수년 세월
잘 조절되던 혈압, 당뇨

어느 날 갑자기 재개발 해지로
빌라 촌으로 변해가기 시작한 원미동

정든 이들 하나둘 떠나가고
영랑 아빠 역시 그 대열에 끼어드시니

그렇게 아쉬운 이별의 세월 1년 이후,
아빠가 가셨답니다
저 머나먼 나라로

먼먼 여행 떠나시기 전
신문에 난 원장 딸 기사 보며
신문 고이고이 간직하셨다던 영랑 아빠

부디 부디
병도 고통도 없는 그곳에서 영면하십시오
훗날 거기서 다시 만나요

○ Epilogue
혈압과 당이 높았지만 병원 진료를 거부하시던 아빠! 부인인 산옥 엄마의 권유로 아빠의 주치의가 되었습니다. 속정 가득 담은 눈빛과 말투로 딸에게 하듯 사랑 주시던 영랑 아빠는 원미동이 맺어준 또 하나의 가족이었습니다.

가는 세월 어찌하랴

"호박은 늙으면 맛이라도 있는데
사람 늙으니 쓸모가 없습디다.
가는 세월 꽉 붙잡고 놓지 마소.
우리 원장, 늙지 말고 지금처럼 예쁘게 오래오래 사소."

90세 할머니 환자의 아침 인사입니다

할머니인들 가는 세월 붙잡지 못함을 모를까만
지난 세월 아쉬워서, 그리워서 하시는 넋두리실 텐데

주름진 눈가에 감도는 씁싸래한 미소가
오늘따라 시린 가슴을 더 시리게 합니다

○ Epilogue
　이른 아침 왕진 가서 강초 엄마를 진료 하는데 엄마가 하신 말씀이십니다. 움직일 힘이 없으신 엄마한테 가서 혈압과 당을 체크해 드리면 엄마는 위안을 받으셨습니다. 이젠 마지막이 가까워 옴을 엄마도 알고 나도 알지만 "엄마, 혈압도 좋고 당도 좋으니까 좋아질 거예요."라고 듣기 좋은 말밖에 해 드릴 수 없는 것이 안타까울 따름이었습니다.
　그리고 얼마 지나지 않아 엄마는 꽃가마 타셨습니다.

마지막 안식처

토요일 이른 아침
늘 가는 요양원

엄마들 안녕
아빠들 안녕

아래층을 돌고
위층 문을 열자

퀭한 눈의 낯익은 얼굴
인심 엄마!

엄마가 왜 여기에 계셔요?
엄마가 왜?

엄마는 아무 말 없이
내 손만 만지작거리시며 우셨습니다

야간일 나가는 아들 편히 잠잘 수 있게
집 앞 길목에 나와 앉아계시던 엄마

손녀 등굣길 아픈 허리 손으로 짚으며
버겁게 건널목을 지키시던 엄마

사십에 남편 여의시고
자식들 홀로 키우시며

해보지 않은 일 없으시다며
세상 풍파 홀로 버티기 힘드셨다던 엄마

엄마의 마지막 안식처가
요양원 작은 침대라는 것이 가슴 저린 토요일입니다

○ Epilogue

매주 토요일 요양원 봉사 중 만난 단골 환자 인심 엄마입니다. 요즘 병원에 오시지 않아 궁금했는데 뜻밖에 요양원에 들어와 계셨습니다. 우린 매주 토요일 만났고 요양원 생활 1년이 지난 어느 토요일 엄마의 침대가 비어있었습니다. 엄마는 작별 인사도 없이 머나먼 여행길을 떠나셨습니다.

가슴 우물

벼랑 끝에 선 여인
겨우 손잡고 마음 나누는데

이제 조금씩 세상을 향해
뒷걸음질하고 있는데

세상 향한 마음 빗장
미처 다 풀지 못했는데

'병원이 이렇게 편할 줄 몰랐다'는 말
귓전에 맴도는데

어찌 그리
희망 줄 놓아 버렸나요

어찌 그리
매정스럽게 먼 길 떠났나요

오늘따라
가슴 우물 두레박질이 시리고 아픕니다

이제 그만
슬픈 원미동 연가를 부르고 싶습니다

○ Epilogue
전신화상으로 몸과 맘이 아픈 병소 씨가 먼 길을 떠났습니다.
홈쇼핑에서 산 바지 나눠 입자고 가져다 놓고 친정엄마가 보내줬다는 무말랭이 깻잎김치 병원에 가져다 놓고 이승의 인연줄 놓아 버렸습니다.

마지막 순간까지

더는 해줄 것이 없다고
집에 가서 편히 쉬라는
3차 병원 주치의 말에

만삭처럼 올라온 배로
찾아오신 영규 아빠

검은 얼굴 검은 손 휘청거리는 다리
헐떡이는 들숨 날숨 몰아쉬며

하늘 길 놓인 사다리 향해
한발 한발 다가가는 아빠를

아프게 바라볼 수밖에 없음이
의사로서 보잘것없음을
처절히 느끼는 하루하루입니다

진료를 받으러 오는 것도 아닌데
아빠는 그렇게 매일매일 오셨습니다

환자가 많이 밀려 있으면
대기실 왼쪽 구석자리에 앉아 졸다 가시고

환자가 좀 빠지면 물리치료실에 누웠다 가시면서
"여기 오면 맘이 편해서….",라고 하셨습니다

그렇게 몇 달이 지나고
대기실 왼쪽 구석 자리는

아빠의 채취만 간직 한 채
다른 이에게 자리를 내어주고 말았습니다

그렇게 마지막 순간들을
가슴속에 각인시키고 가버리신 영규 아빠

아빠는 내 가슴에 또 한가락의
'원미동 시린 연가'를 부르게 만드셨습니다

○ Epilogue
영규 아빠는 병원 옆에서 김밥 가게를 하셨습니다. 간암으로 투병하실 때 매일 병원에 와 계시다가 8월 보름 지난날 밤하늘 별로 자리하셨습니다.

하늘 행 꽃가마

"엄마, 왜 이렇게 오랜만이야?"

"뭐라고?
왜 이렇게 오랜만이냐고?
도둑년 집에 가서 콩 타작해 주고 왔어."

허리는 90도로 땅을 향하고
귀는 멀어 소리를 질러야 하지만

힘들어도 딸들은 예쁜 도둑이라며
천진난만 어린아이 미소 짓는 기철 엄마

홀로 사는 아들 밥 지어줘야 한다며
진료를 재촉하시던 엄마

2층 병원 네발로 올라오기 힘드니
아래층으로 이사 오라시던 엄마

엄마 소원 들어드린다고
손가락 걸고 복사까지 했는데

엄마는 잠자는 모습으로
하늘 길을 기다리고 계십니다

3일 후 아니면 4일 후 올 것 같다는
하늘행(行) 꽃가마 탈 준비하고 계십니다

○ Epilogue
중환자실에서 길 떠날 준비하고 계시는 기철 엄마.
글을 쓰고 3일 후에 하늘행 꽃가마를 타셨습니다.

엄마 아빠 병원

흑색의 피부
푸석하게 부은 얼굴

늦가을 들풀처럼 바스락거리는 머리카락
창백하다 못해 검푸른색 도는 눈동자

짓물러서 엉겨 붙어 있는 발가락들
성치 못한 팔다리 끌고

뒤뚱거리는 걸음으로 산 밑 빈터에 올라
푸성귀 뜯어 팔아 이어갔던 생명줄
이렇게 놓으시렵니까

업의 무게 버겁다며
휴~ 내쉬던 한숨소리 가슴울림으로 맴도는데

가을의 중반에 막 들어서 아쉬운 세월 남겨두고
겨울은 아직 멀었는데 긴긴 잠에 드시려나요

아쉬운 세월이지만 힘겨운 몸 놓아 버리시고
꽃 피고 새 우는 봄날에 고운 자태로 다시 만나십시다

제순 엄마 부디 부디 편히 가십시오

○ Epilogue
"여기가 엄마, 아빠 병원이요. 들어 오시오!"
복심 엄마가 병원 출입문을 붙잡고 뒤를 보며 하시는 말씀이었습니다.
당뇨합병증으로 신장 기능이 상실되어 투석을 받고 있던 제순 엄마와의 인연이 시작되었습니다.
피부색은 흑색으로 변해 있었고 발가락은 손상된 지 오래되어 걸음걸음이 고통이었지요. 그런 몸으로 공터에 심은 야채 팔아 살아가던 제순 엄마가 오늘 원미동 슬픈 노래의 주인공이 되었습니다.

떠난 이의 흔적

병원에 물난리가 났습니다
허술한 건물인지라
개원 6년 동안 물에 잠기기를 다섯 차례

누구의 잘잘못을 논하기보다는
이젠 감당할 수 있을 만큼의 일들에
감사한 마음이 듭니다

굽 있는 신발을 다 적시고도 발이 젖을 만큼
찰랑거리는 병원

환자들과 직원들이 합심해
1시간 반 동안 물을 퍼냈습니다

집기와 서류들 그리고 레이저 기계까지
몽땅 젖어 어디서부터 손을 써야 할지
막막한 상황이었지만

불에 타 흔적도 없어진 것보다는 낫다 싶어
웃으며 정리를 하다가

옷장 속에서 아픈 흔적이 나왔습니다

그녀는 다시 오지 못할 곳으로 떠났지만
그녀가 남긴 가슴 먹먹했던 추억들에
아픈 곳을 다시 얻어맞는 느낌이었습니다

"언니야! 이거 내가 좋아한 옷인데 언니 줄게.
 예쁘게 입그레이."라고 말하며 건네준
 검정색 낡은 속치마

정신은 저만치 놓아두고 원미동을 활보하던 그녀
세상 사람들은 그녀를 미친 사람이라 칭했건만
내게 그녀는 가슴 저리게 하는 환자 이상의 존재였습니다

울중일 때는 달려와 가슴에 안기며 울었고
조증일 때는 병원에 와서 노래하며 분위기 잡고 갔던 그녀

그렇게 그녀가 병원엘 다녀간 지 며칠 후
이웃들을 통해 전해 들은 아픈 얘기는
내 가슴에 아직 생생히 남아있고

세월은 흘러 어느덧 사계절이 두 번이나 지나
때아닌 물난리로 짐 정리하다 발견된 낡은 속치마

차마 버릴 수 없어
옷장 깊은 곳에 넣어 두었던 그녀의 흔적은
원미동의 아픈 연가 중 한 곡조입니다

○ Epilogue
장롱에는 사연 담은 소중한 것들이 참 많이 있습니다. 봉선 엄마가 이사 가면서 주고 가신 손수 베를 짜서 지은 여름 삼베적삼, 봉미가 주고 간 입던 속옷과 조울증의 환자가 본인이 가장 아끼던 옷이라고 주고 간 검정색 속치마, 병소 씨가 주고 간 바지, 공주로 이사 가신 엄마가 주고 간 조끼, 그리고 수자 엄마가 보내온 건강 유지 부적이라는 홍삼주 등등 일일이 나열할 수 없이 많이 있습니다.
마음 담아 남기고 간 귀한 선물은 원미동 엄마, 아빠들의 사랑 표현이지요.

시린 정 아린 정
절벽 끝에 선 여인
이별은 아픔이다
하늘도 우는데
더 외로운 날
아픈 몸보다 더한 아픔을 간직한 그녀
언제 다시 볼 수 있을까
홀로 엄마
옛날 한 옛날에
단 가스
저당 잡힌 통장
조금만 더
천봉지함
후회
원미동 엄마들
세월이라는 지우개
하얀 카네이션
못 이룬 꿈
원미동 연가

PART 4

함께라면 외롭지 않아요

시린 정 아린 정

미운 정 고운 정이 아니라
시린 정 아린 정의 이곳 원미동

내 작은 가슴으론
감당하기 힘든 이곳 원미동

나라 법에 의해
보호받지 못한 한(恨)

한(恨)을 안고 살다
한(恨)을 안고 가려 하셨는지

온 맘 온 정성 다해
따뜻한 세상 전하려 했지만

내 빛이 희미하여
그 한(恨) 녹이지 못하였는지

시퍼런 세상 칼날로
자신을 해하려 한 수자 엄마

이젠 내 작은 가슴에도
시리고 아린 한(恨)의 칼날이 춤을 춥니다

○ Epilogue
엄마가 병원에 오셔서 제 손을 잡고 눈물을 흘리시면서 말씀하셨습니다. "건강하라고, 잘 살라고…." 이곳 원미동에서 보호 1종이셨던 엄마, 아빠들이 이리 서럽게 우실 때는 대부분 보호 1종에서 탈락되었을 때지요. 병원비는 걱정 말고 오시라는 당부와 방법을 찾아보겠다고 약속을 하여 엄마는 집으로 가셨습니다. 그런데도 환자를 보는 동안 마음이 불안해서 복지과에 연락하여 상황 설명을 하고 집을 찾아가 보기를 부탁했습니다. 엄마는 자살 시도를 하였고 복지과 팀장님의 관심과 배려로 수술을 받으셨습니다.
엄마 때문에 맺은 복지과와의 인연은 더 많은 원미동 슬픈 연가를 부르게 하고 있습니다.

절벽 끝에 선 여인

세상 시선 얼마나 아팠을까
일그러진 몸보다 더 아팠을 맘 상처

서로 붙은 손가락보다
더 위축된 마음자리

늘씬한 키 커다란 눈
상처 전엔 얼마나 예뻤을까

전신화상 3도, 겨우 생명을 구했지만,
아픈 상처 채 다 아물지 못해 다시 상처

수 삼 년의 병원생활 지치고 지쳐
포기와 희망 가로세로 엮어가며

홀로 소독하며 깊어진 상처
스스로 만든 감옥으로 피폐해진 마음

이 가여운 여인을 어찌 안을 수 있을까
게임을 걸기에도 너무 여린 여인

절벽 끝에 선 저 여인에게
어찌 손을 내밀어야 상처받지 않을까

○ Epilogue
집 안 화재로 전 가족인 딸 둘과 남편에 본인까지 3도 화상을 입어 고립 생활을 하던, 영소 씨와의 첫 만남입니다. 개원하고 며칠 안 된 어느 날 19살의 가녀린 아가씨가 진료를 받으러 왔습니다. 찌그러진 피부 사이의 선한 눈동자를 보자 그동안 받았을 정신적이 고통이 그대로 전달되어서 손을 잡으며 "그동안 얼마나 힘들었니."라고 말하다가 그만 눈물을 흘리고 말았습니다. 그녀의 눈에도 이슬이 맺혔습니다. 그때부터 그녀의 가족과 인연이 시작되었습니다. 영소 씨는 아가씨의 엄마입니다.

이별은 아픔이다

앙상히 주름진 손 내밀며
이제 다신 볼 수 없다고

늘어진 눈꺼풀 깜빡이며
퀭한 눈 가득 이슬 맺히니

박자 잃은 내 심장
아리고 저립니다

만남은 이별을 전제로 한다지만
이별을 산물로 생각한 만남이 어디 있을까요

그래서 이별은 아픔입니다
그래서 이별은 슬픔입니다

환자와 의사로 맺은 인연
이리도 가슴 아린데

사랑하는 이와의 이별이야
오죽하겠습니까

○ Epilogue

치매 증상으로 하루에도 몇 번씩 병원에 오시던 임귀 엄마는 늘 가슴을 아리게 했습니다. "나 치료하러 왔어."라고 하시면 직원들은 엄마가 상처받을까 봐 "아까 치료하고 가셨잖아요."라는 말을 하지 않고 물리치료실에서 다시 핫팩을 대 드리곤 했습니다. 엄마가 정상과 비정상을 오고 가시다가 지방 요양원으로 들어가시면서 인사하러 오셨습니다. "나 금방 다녀올게."라고 말하는 엄마를 안았습니다. 이제 언제 다시 엄마를 안아 볼 수 있을런지요.

하늘도 우는데

뼈에 피부만 존재하는 할머니
걸을 힘조차 없어 파지도 못 줍는 할머니

아파도 병원비가 없어
팔자려니 견뎠다는 할머니

아픈 곳 치료야
내 선에서 해결해 줄 수 있지만

사람살이의 기본인
의식주 해결이 안 되는 상황이기에

복지과 팀장님께 부탁하여
도울 방법을 찾아보았습니다

청상과부 되어
두고 온 자식 성공해

보호 대상이 아니건만
그 자식이 부양하길 거부하니

천지 간에 의지할 곳 하나 없어
친척집 떠돌다 머문 원미동

할머니의 억울함이
가슴 우물에 두레박질합니다

한(恨) 서린 할머니의 일생이
원미동 하늘을 울립니다

○ Epilogue
청상과부 되어 돈 벌겠다고 집을 나와 노 시부모께 자식 키우는 비용 대며 남의 집 가정부에 온갖 일을 다 하셨습니다. 그러나 아들은 부모 봉양 거부하고, 이젠 흘릴 눈물도 없다고 하시는 순희 엄마. 엄마는 "흘릴 눈물도 없다."고 하시지만 엄마 마음을 아는지 오늘은 하늘이 서럽게 웁니다.

더 외로운 날

세상사 잘 살건 못 살건, 나이는 먹는 것이고
영원한 청춘은 없다고 말하지만

나는 예외인 듯 생각하고 행동하고

노후를 준비한다 함은

자식 교육시켜
시집장가 보내고
집도 한 채쯤 마련해 주고

나이 들어 쓸 만큼
경제적으로 저축하고
건강을 지키려 운동하고

그것만이 모든 것인 양
10년, 20년 계획 세우고 있을 때
어느새 부모는 우리 곁을 떠나실 텐데…

우리의 10년, 20년 계획에서
부모님의 자리는 어디쯤 있는 걸까

지금 내가,
지금 내 마음이

우리네 부모를 위하고
부모의 입장에서 생각하는 것이
나의 노년을 준비하는 것은 아닐는지

내가 어디에서 왔는지
하늘에서 떨어진 것도
땅에서 솟은 것도 아닌데

내 부모에게 피와 살을 빌어 이 생명이 만들어진 것을
다시 한 번 생각해야 할 때가 아닐까

내 부모, 수십 년 세월 나를 위해
피와 살을 말리셨음에도

우선은 내 자식 내 아내
우선은 내 남편 내 새끼 하는 마음
조금이라도 더 부모님께 나눔이 어떠할는지

가시고 나면 해 드리고 싶어도 못 해드릴 텐데
내 부모 천 년 만 년 사실 것도 아닌데

우리 엄마 말씀하시길
해드리지 못한 것만 생각나신다며
평생을 가슴 아파하시던데

그 모습 보면서
난 후회하지 말아야지
되뇌고 되뇌는
5월 가정의 달

○ Epilogue

어버이날이지만 자신들 살기에 힘겨운 건지, 어느새 부모는 가족에서 제외된 건지. 찾아오는 이 없는 민순 엄마가 밤새 토하시고 병원에 오셨습니다. 영양제를 놔 드리고 진료를 보는데 옆방에서 흐느끼는 소리가 들려서 뛰어갔더니 엄마가 우시고 계셨습니다.

세상 천지에 누가 나를 위해 이렇게 잘해주겠나 싶어서 우신다고 하셨지만. 그 흐느낌 뒤의 서러움을 모르는 바 아니기에 가슴 아픈 어버이날이 되어버렸습니다.

아픈 몸보다 더한 아픔을 간직한 그녀

온몸에 울룩불룩 주렁주렁 포도송이 달린 몸
얼마나 아팠을까

아니 그 아픔보다 더 아팠을 가난이라는 두 글자
단 한 번도 큰 병원엘 가보지 못했답니다

나라의 보호도 받지 못하는 사각지대의 가난

복지과와의 좋은 관계가 이럴 때 도움이 됩니다
급히 여기저기 도움 될 곳에 전화를 해서
도울 방법을 찾아보았습니다

그런 나를 바라보며
그녀의 눈에 이슬이 고였습니다
고인 이슬이 내 가슴을 저리게 합니다

원미동에 자리한 지 6년
기뻐서 울고 슬퍼서 울고 아파서 울고
내 눈에서 참 많은 눈물을 뺀 원미동 사람들

내 아픔이야 그들의 아픔만 하겠는가마는
이럴 때 원미동의 아픔이 내 가슴우물에 두레박질합니다

언젠가는 이들과도 이별하겠지만
어디를 가든 내 가슴엔 또 다른 원미동 사람들이 자리하겠지요

○ Epilogue

청진을 하다 신경 섬유종을 발견하고 조심스레 다가가서 민숙 씨의 살아온 한 서린 세월을 접하게 되었습니다. 복지과와 연결시켜 상담과 해결 방향을 찾아가고 있는 중이지만 쉽지가 않습니다.

언제 다시 볼 수 있을까

한 서린 긴긴 세월 담은
두 눈에 가득 맺힌 이슬방울

성치 못한 내 심장에
무거운 쇳덩이 되어 떨어지고

잡은 손 차마 놓지 못해
한발 한발 버거운 걸음 함께하니

계단 8개가 천 리인 듯
찰나인 듯 느껴지고

다시 볼 수 있는 날 기약 못함을
엄마도 알고 나도 알면서

"아프면 와. 엄마!"
"그럼 와야지."

두 줄기 하나 되어
흘러내림을 뒤로하고

되짚어 오르는 계단
발걸음 떼기 힘들어 뒤돌아보는데

계단 난간 힘겹게 붙들고
"들어가셔. 다른 환자 기다리는데."

힘겹게 흔드는 손짓이
갈퀴 되어 내 가슴을 후빕니다

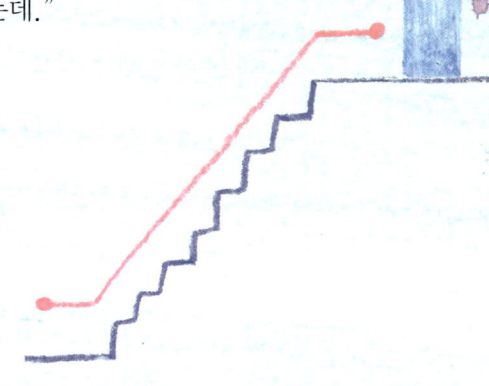

○ Epilogue
　신장이 안 좋아져 투석까지 하시게 된 춘방 엄마.
　보호자 부축받으며 작별 인사하러 오신 춘방 엄마를 배웅
　하고 되짚어 올라오는 걸음이 어찌 그리 무겁던지요.

홀로 엄마

여섯 평 남짓 작은 집이건만
세면대에서 전화기까지의 거리
얼마나 멀게 느꼈을까

뚝뚝 떨어지는 진땀 방울
아니 눈물 방울방울
비닐 장판에 지도 그리며

젖 먹던 힘 다해
수화기를 드셨겠지

가는 전선을 타고 들려온
더 가는 음성

"원장 딸!
나 밤새 토하고
설사하느라 한숨 못 잤어.

혼자서 아파서 울고
내 팔자가 서러워 울었어."

그리 아파도 이 넓은 하늘 아래
아프다고 하소연할 대상이

의사와 환자로 맺은 인연뿐이었다는
사실이 내 가슴을 더 아리게 했습니다

○ **Epilogue**
아침 7시 20분, 출근 하자마자 전화벨이 울렸습니다.
홀로 사시는 선이 엄마가 밤새 아프셨다 하네요.
지인에게 부탁해 자동차로 입원실 있는 병원으로 엄마를
모셔다드리게 했습니다. 그제야 마음이 놓였습니다.

옛날 한 옛날에

아주 옛날
한 소녀가 길을 나섰습니다
소녀 앞에는 여러 갈래의 길이 펼쳐져 있었습니다

소녀는 자기가 가야 할 길을 선택하기엔 너무나 어렸습니다
그때 한 사람이 나타나 손을 끌었습니다
소녀는 그 손에 이끌려 한 길에 들어섰습니다

그 길은 사람이 많이 가지 않은 길이었습니다
소녀는 여린 몸과 마음으로 길 없는 길을 가야했습니다
그 길엔 꽃도 있고 나비도 날아다녔습니다

그런데
그런데

길을 가면 갈수록 높은 산과 험한 계곡
그리고 가시밭뿐이었습니다

숨이 차고 발은 부르트고 무릎은 깨지고
두 손은 가시에 찔리고 찢기어
온몸에 피멍이 들었습니다

소녀는 아파도 아프다 말하지 않았습니다
가지 못한 길을 바라보며 후회하지도 않았습니다
소녀의 손을 이끈 그 사람을 원망하지도 않았습니다
아파도 참아야 한다고 배웠기 때문입니다

들어선 길,
혼신의 힘을 다해 가야한다고 배웠기 때문입니다
자신에게 일어난 모든 일,
다른 누구의 탓이 아니란 걸 배웠기 때문입니다

소녀는 깎아지른 절벽에 설 때면
돌멩이 하나를 떨어뜨려 보기도 했습니다
나무에게 마지막 길동무 할 수 있나 묻기도 했습니다

그래도
차마, 차마…
그럴 수가 없어서 고개를 들어 하늘을 보곤 했습니다

소녀는 아플 때 하늘을 보았습니다
피멍이 들 때도 하늘을 보았습니다
숨이 막힐 때도 하늘을 보았습니다

하늘은 소녀의 삶이었습니다
하늘은 소녀의 생명이었습니다
하늘은 소녀의 또 다른 길이었습니다

○ Epilogue
어린 나이에 힘든 인연을 만나 폭행과 생활고 등으로 버거운 삶을 살아온 희선 씨의 하소연을 듣고 가슴이 내려앉는 것 같았습니다. 희선 씨는 불면증으로 고통을 받고 있습니다.

단 가스

단어도 생소한 단(斷) 가스
가스요금을 연체해 가스가 차단된 것을 단 가스라 한답니다

가족을 돌보지 않은 가장
몸이 아픈 엄마
그리고 그런 부모만 바라보는 아이들

나라의 보호를 받을 수 없는
흔히 말하는 복지 사각지대

이름도 얼굴도 모르는 단 가스 가족
하지만 내 머리엔 이미 그려진 집안 풍경

철철 흐르는 샤워꼭지의 더운 김이
활활 타오르는 가스불의 뜨거운 불꽃이
단 가스 가족의 소리 없는 외침으로 들립니다

창밖의 하늘이 유난히 맑은 날입니다

저 높고 푸른 하늘같은 가슴을 가진
부자가 많은 세상이면 얼마나 좋을까요

한 번씩은 나 아닌 이웃을
저 그늘지고 외로운 곳을
가슴으로 담을 수 있는 사람이 많으면 얼마나 좋을까요

단 가스 해결이라는 뿌듯함보다
무거운 마음이 드는 건 왜 일까요
참말로 가슴 아리게 하는 원미동입니다

○ Epilogue
복지 협의체에서 인연이 된 복지 사각지대의 가족입니다. 새로운 집으로 이사를 해야 하는데 그동안 미납된 요금이 있어서 그 요금을 해결하지 않으면 도시가스 개통이 안 되어서 이사를 못하고 있는 상태였습니다.

저당 잡힌 통장

달그락 달그락
계단을 오르는 지팡이 소리

삶의 무게만큼이나
무거운 두 다리
작은 지팡이에 의지한 애경 엄마

병원 문을 들어서자
휴… 내쉬는 한숨소리
여느 때와 다른 깊은 시름 머금은 소리

가슴 저린 사연 많고 많은 이곳 원미동 엄마들

오늘의 사연은 또 얼마나 내 가슴을 아리게 할까요

하청업체에 몸담은 막노동하는 아들
노동의 대가 받지 못한지 몇 달

작은 집 임대료 밀린지 몇 달

길바닥으로 내쫓기게 되었다는 팔순의 애경 엄마

통장에 임대료를 넣어 드렸건만

대부업자에게 저당 잡힌 통장이었음을
애경 엄마도 모르고 나도 몰랐습니다

아!
내가 사채업자에게 돈을 준 꼴이 되었습니다

상황을 엄마에게 묻자 모른답니다
아무것도 모른답니다

이 어찌된 일이란 말인가

○ Epilogue
2016년 9월 9일에야 본인의 신분증이 도용된 것을 알았습니다. 어찌 도용된지도 모르는 원미동 엄마를 돕기 위해 경찰과 복지과에 문의를 했더니 법적인 소송과정을 거쳐야 하지만 다행히 길은 있다고 했습니다.

조금만 더

마음 다스리는 법 명상으로 수삼 년
천지의 이치 느낀 지 수삼 년
인연 따라 오고감 이치 깨달은 지 수삼 년

머리로는 이성으로는 받아들이자고
수없이 되뇌지만
가슴은 받아들일 수 없습니다

가슴이 터질 것 같습니다.
온종일 수없이 가슴을 치며
또 다른 환자 앞에 앉아있지만

미친 사람처럼 뛰어나가고 싶습니다
미친 사람처럼 소리 지르고 싶습니다

아직은 안 된다고
행복하다시던 그 말 몇 년은 더 듣고 싶어

침대에 누워만 계셔도 좋으니
나에게 시간을 달라고
행복하게 해드릴 시간을 달라고

이대로는 도저히 보낼 수가 없으니
좀 더 내 곁에서 날 더 힘들게 해

내가 엄마를 귀찮게 느낄 때
나에게 엄마가 짐으로 다가올 때
그때 떠나라고

제발 내 가슴에 후회라는
대못 박고 떠나지 말아달라고

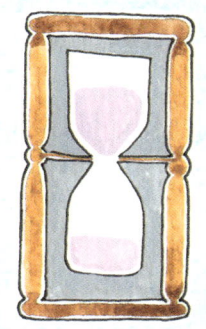

○ Epilogue
 의사의 본분 다하라는 엄마와의 약속을 지키기 위해 급성 심근경색으로 응급 시술에 들어간 엄마를 친구에게 부탁하고 환자를 보며.

천붕지함

아버님 가심은 하늘이 갈라짐이요
어머니 가심은 땅이 꺼짐이라 하였건만

내 어머니 가심은
하늘이 갈라지고 땅이 꺼짐입니다

내 어찌 갈라진 하늘 안고
꺼진 땅을 딛고 살아가란 말입니까

육신이 입었던 검은 상복이야 벗어던졌지만
시꺼멓게 타 들어가는 가슴 상복은
언제나 벗을 수 있을까요

눈앞에 아른거리는 당신의 영상은
얼마나 많은 밤을 새워야 흐려질까요

물을 마셔도 소태맛이요
죽물을 마셔도 소태맛입니다

생로병사의 천지이치 머리로는 알지만
가슴으로는 당신이 보내지지 않습니다
도저히 보내지지가 않습니다

오늘도 보낼 수 없는 당신과
하얀 밤을 지새우고 이른 아침 진료실에 나왔습니다

○ Epilogue
어제 엄마를 하얀 사포 가루로 가슴에 안고 원미동 엄마,
아빠들의 걱정 어린 말과 눈빛을 느끼며 진료를 합니다.

후회

뼈가 녹아내립니다
심장이 타 들어갑니다

더 못해드린 한(恨)의 무게에 짓눌려
가슴이 답답해 숨조차 쉬기 힘이 듭니다

당신의 자리 이리 클 줄 미처 몰랐습니다
후회의 무게 이리 육중할 줄 미처 몰랐습니다

가신 뒤 후회하지 않기 위해
나름 한다고 하였건만

잘한 건 하나 없고
못한 것만 가슴과 머리에 가득합니다

말 한마디 더 다정스럽게 해드릴 걸
눈 한 번이라도 더 마주쳐드릴 걸

당신 같은 어머니 세상에 다시없다고
사랑한다고 더 오래 건강하게 살아 달라고

당신 없이는 나도 없다고
날 두고 가지 말라고 좀 더 일찍 말해드릴 걸

옛사람 이르신 말 이리 뼛속 깊이
아프게 다가올 줄 예전엔 미처 몰랐습니다

'부모님 살아생전 섬기기를 다 하여라
가시고 나서 섧다 애달다 하여도
먼 길 가신 부모님 돌아오지 않는다.'

옛 시인의 애절한 노래
내 노래가 될 줄 미처 몰랐습니다

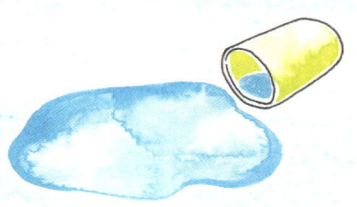

○ Epilogue
환자 염희 씨가 아버지를 하늘 길 보내고 견디기 힘들어했습니다. 나 역시 어머니 가신 후 아직 아물지 않은 상처 깊어 서로의 마음 알기에 아무 말 없이 꼭 안았습니다.

원미동 엄마들

엄마를 보내고
목으로 밥이 넘어가지 않습니다

오늘은 노미 엄마가
죽을 끓여와 말없이 놓고 가셨네요

죽이라도 마시고 환자 보라며
쌀 갈아서 정성 담은 사랑의 죽입니다

어제는 예순 엄마가
누룽지를 끓여 오셔서 눈물로 반찬 삼았지요

비록 육신을 낳은 엄마는 가셨지만
원미동 엄마들이 계시기에 살아보려고요

정성들인 사랑의 죽으로
힘내 보려고요

○ Epilogue
　잠을 이룰 수 없어 진료가 끝나면 원미동을 끝에서 끝까지 걷고 또 거닐다가 더 이상 걸을 수 없이 다리가 아플 때 집으로 들어갔습니다.
　텅 빈 공간에 들어가 수면제에 의지해 선잠을 자고 출근했습니다. 밥알이 넘어가지 않아 먹지를 못할 때, 원미동 엄마들의 걱정과 정성이 담긴 미음으로 버티었지요.

세월이라는 지우개

이젠 보내야 한다고
보내드려야 한다고
다들 쉽게 말을 하지만

미안함과 아쉬움 그리움
내 들숨 날숨에 함께하니

나 당신을 보낼 수 없지만

세월이라는 지우개에 의해
이 아픔 이 그리움 이 보고픔

조금이라도 흐릿해졌으면 좋겠습니다

○ Epilogue
　시장에서 그릇가게를 하시는 영희 엄마가 아침 일찍 오셔서 손을 잡고 말하십니다. "서영아! 이제 그만 보내드려라. 그래야 엄마도 맘 편히 가신다." 그 후 영희 엄마는 양평으로 이사를 가셨지만 지금도 자주 전화를 하십니다. "딸, 잘 있었나. 우짜든지 건강 챙기그래이. 아빠 바꿀게, 잠깐 기다리그라." 그리고 아빠도 여전히 같은 말씀을 하시지요. "서영아, 건강해야 한다!" 사랑 넘치는 원미동에서 맺은 인연들이지요.

하얀 카네이션

한(恨) 서린 홀로 외길 반백 년

까맣게 타버려 재가 된 가슴에
하얀 카네이션 한 송이 달아 드리고 싶은데

사람 사는 도리
몸으로 보이신 당신께

사랑한다고, 감사하다고
말해 드리고 싶은데

나 다시 태어나도
당신 딸로 태어나고 싶다고
말해 드리고 싶은데

못다 한 말
못다 한 사랑
하얀 밤이 되고 말았습니다

○ Epilogue
　어버이날을 하루 앞둔 날, 꽃집에 진열되어 있는 카네이션을 보고 엄마가 사무치게 보고팠습니다. 이제는 드리고 싶어도 드릴 수 없는 카네이션 한 송이를 사서 엄마 사진 앞에 놓아드렸습니다.

못 이룬 꿈

30년 전
큰 꿈을 안고 터를 마련해

덩그러니 비닐하우스 한 동과 정자 하나 지어놓고
집에 있던 등나무 파다 정자 옆에 심어놓고
전화도 전기도 우물도 없이 생활한 3년

옆 개울에서 물 길러다 식수로 사용하고
세면장과 목욕탕 역할도 개울이었지요

여름을 제외하면 인적은 드물었고
산 밑 밭농사 짓는 할아버지와
옆 논농사를 짓는 할머니의 발걸음이 정적을 깨었고

가끔 산에 기도하러 들르는 무당들의 꽹과리 소리가
바람 타고 아득히 들렸었지요

천수답 다랑이 논을 포클레인으로 갈아엎고
논둑 따라 잣나무를 심어 울타리를 만들었고
향내 좋다는 계수나무도 심었지요

12폭 치맛자락 마무리를 하는 무궁화도 심어놓고
여인네 볼연지 색깔의 영산홍도 심어놓고

가을의 운치를 더해주는 단풍나무도 심어놓고
산수유, 호두나무, 살구나무, 자두나무, 감나무, 대추나무도
심어 놓고 개나리로 앞 울타리를 장식했지요

두릅나무, 산초나무는
동네 아저씨에게 얻어다 언덕에 심어
추석 땐 산초열매로 튀김을 해 상에 올렸었지요

취나물 씨앗 받아 놨다 텃밭에 뿌렸더니
이듬해 봄에는
여기저기에 널려 있는 취나물이 향을 더해줬고

봄이면 앵두가, 여름이면 방울토마토가
입을 즐겁게 해 주었고
텃밭에서 자란 애기배추와 열무는
서울 손님들의 입을 즐겁게 만들었죠

여름이면 미숫가루 항아리 가득 만들어 두었다가
산행하러 지나는 길손과
농사지으러 올라오신 할머니 할아버지 불러
정자에 앉아 세상살이 얘기며
농사 얘기 듣는 것도 참 좋았었죠

시원하게 들이킨 미숫가루 한 사발에
서울 아가씨 인심 좋다는 동네 소문에
애고심(ego心) 만족도 했었지요

외국 살이 십수 년에
옛 정취 간 곳 없고
개울가로 들어선 민박들에는 도시의 인심 넘실거리지만

그래도 황유골은 내 못 이룬 30년 꿈의 텃밭입니다

언젠가는 달래 캐어 초고추장에 버무리고
바위 사이 돌나물 뜯어
된장 반 고추장 반 섞은 양념장에 무쳐내고

애기 쑥 캐어서 콩가루 씌워
팔팔 끓는 된장국물에 띄우고
진달래꽃잎 따서 밀전병 부쳐낸 상차림으로

이번 생 의지할 곳 없는 엄마, 아빠들을 모시고 싶습니다
꼭 그렇게 하고 싶습니다

○ Epilogue
30년 전 남양주 진접 산골짜기에 터를 마련했습니다. 엄마께 시집갈 때 해줄 혼수 비용을 미리 달라고 해서 마련한 터이지요.
결혼할 생각이 없었고 양로원과 고아원을 차려서 서로가 부모 자식 삼아 살아가는 예쁜 곳을 만드는 것이 20대의 꿈이었지요.
아직도 꿈은 꿈으로 남아있습니다. 꿈의 빛깔은 아직 연푸름으로 변함이 없건만, 세월은 30년이 흘러 육신의 색깔을 퇴색시키고 있습니다.

원미동 연가

자의에서인지 타의에서인지
머나먼 별나라에서 이 땅에 내려올 때
누구에게나 하얀 종이로 된
한 권의 공책(空冊)이 주어지지요

빈 공간에는 세월 따라 한 줄 두 줄
빼곡하게 사연들로 채워지지요

인간사 모두가 기쁨과 슬픔을 오가지만
그래도 비율이라는 것으로 나누어 보면

어떤 이는 고통과 아픔이 더 많은 주인공으로
어떤 이는 기쁨과 즐거움이 더 많은 주인공으로

어떤 이는 지루하게 느껴질 만큼 밋밋한 주인공으로
어떤 이는 생사를 오가는 스릴 넘치는 주인공으로

어떤 이는 긴긴 소설 속 주인공으로
또 어떤 이는 미완성 소설 속 주인공으로

어떤 역할이든 자신이 써가는 소설 속 주인공이지만
운명으로 인해 자신도 어쩔 수 없는 역할도 있지요

받아들일 수밖에 없는 아프고 슬픈 소설 속 주인공들이
많이 사는 곳이 바로 이곳 원미동입니다
아니 어쩌면
내가 느끼는 원미동이 아픔인지도 모르겠습니다

○ Epilogue

<원미동 드라마 속 주인공들>

- 소설처럼 살아온 103번의 겨울, 큰아들은 하반신을 쓰지 못하고, 둘째 아들은 알코올 병동에 있습니다. 그래도 자식들 보살펴야 하기에 더 살아야 한다는 가슴 시린 드라마의 주인공 영례 엄마.

- 아들딸 모두 정신병동에 넣어놓고 일일 공공근로로 생계를 꾸려가는 고희 엄마.

- 90도 굽은 허리 숨 턱까지 차는 천식을 앓으시면서도 쉰둥이 뇌성마비 아들 보살펴야하기에 더 살아야 한다는 산녀 엄마.

- 아이 낳지 못한다고 갖은 시집살이 견디고 견디었는데 작은댁 지정해 놓은 시부모 성화에 쫓겨나 홀로드라마 50년의 연순 엄마.

- 술만 먹으면 살림 다 부수고, 지개 작대기로 두들겨 패 부러진 허리를 치료하지 않아 활처럼 비뚤어진 봉도 엄마.

- 버려진 모정 가슴에 안고, 미소 잃은 모습으로 병원에 오는 다섯 살 운수 보호자인 아홉 살 연경.

- 집 나간 엄마 부르다 지쳐 잠드는 손자를 바라보는 것에 가슴이 아파서 생긴 불면증 호소하는 익순 엄마.

셀 수 없이 많은 슬픈 드라마의 주인공들이 숨 쉬는 곳이 바로 원미동입니다. 그런 주인공들의 무대인 원미동에도 변화의 바람이 불고 있습니다. 재개발로 묶인 규제들이 해제되고, 성냥갑같이 옹기종기 모여 있는 집들이 하나둘 빌라들로 바뀌고 드라마의 주인공들은 집세가 싼 곳을 찾아 하나씩 떠나고 있습니다. 떠나는 이들도 뒤를 이을 또 다른 원미동 사람들도 이제 그만 행복 드라마 속 주인공들이었으면 좋겠습니다.

원미동 연가

김서영 지음

1판 1쇄 인쇄 2017년 5월 19일
1판 1쇄 발행 2017년 5월 26일

펴낸이 안성호 | **편집** 조경민 조현진 | **디자인** 이보옥
브랜드 이리 | **출판등록** 2005년 8월 9일 제 313-2005-00176호
펴낸곳 리잼 | **주소** 03999 서울시 마포구 월드컵북로9길 18 2층
대표전화 02-719-6868 | **팩스** 02-719-6262
홈페이지 www.rejam.co.kr | **전자우편** iezzb@hanmail.net

© 김서영

* 잘못 만들어진 책은 바꾸어 드립니다.
* 이 책의 무단 복제와 전재를 금합니다.
* 책값은 뒤표지에 표시되어 있습니다.

이 도서의 국립중앙도서관 출판예정도서목록(CIP)은 서지정보유통지원시스템 홈페이지(http://seoji.nl.go.kr)와 국가자료공동목록시스템(http://www.nl.go.kr/kolisnet)에서 이용하실 수 있습니다.
(CIP제어번호: CIP2017011607)

ISBN 979-11-87643-25-8 (03810)